Colección de Anécdotas Amoroso Sexuales de un Bohemio Despistado

Antonio de Pórcel Flores Jaimes Freyre

**Dedicada a:
La Mujer**

Auto-Biografía de un Bohemio Despistado
Colección 04
Anécdotas: 26 a 33
Volumen 03-08-09 Compendio 02

Fresno - California U.S.A

Antonio de Pórcel Flores Jaimes Freyre

Copyright

Noticia de Protección de Derechos de Autor

Este libro y su contenido completo están protegidos por las leyes de protección de escritores, autores y de ideas publicadas de acuerdo con las leyes de derechos de autor vigentes en cualquier país del mundo. Por las leyes de Copyright de los Estados Unidos de América y de todos los países de la Unión de Derechos de Autor.

Ninguna parte de este libro puede ser reproducida en ninguna forma o en ningún medio.

Todos los derechos reservados incluyendo, pero no limitados a: conferencias, lecturas públicas, transmisiones radiales o televisadas, reproducciones electrónicas en CDs y/o DVDs, discos duros de computadoras; traducciones a otros lenguajes son estrictamente reservados por el autor.

Producciones y puestas en escena de esta obra, ya sean profesionales o amateur, sin el permiso escrito por el autor están completamente prohibidas. Todos los derechos de autor con referencia a producciones cinematográficas, videos, actuaciones privadas o públicas requieren el permiso escrito del autor.

Preguntas y/o referencias acerca de los permisos requeridos, sin importar el medio, deben ser hechas al autor: Antonio de Pórcel Flores Jaimes Freyre, alias ToTTó: "El Bohemio Boliviano": 353 W Nees Avenue Suite Número 152, Fresno, California, 93711, USA.

Professional and amateurs are hereby warned that the material is fully protected under the Copyright Laws of the United States of America and all the other countries of the Copyright Union, is subject to royalty. All rights including, but not limited to: professional, amateur, recording, motion pictures, recitation, lecturing, public reading, radio and television broadcasting and the rights of translation into any foreign language are strictly reserved.

Copyright © 2023
Antonio de Pórcel Flores Jaimes Freyre

ISBN: 9798873266951

La Mujer

La mujer es un misterio.
Cada una es diferente:
en diferentes maneras, tiempos,
espacios, circunstancias y ocasiones.

Cada una crea su propia magia,
con ungüentos de ilusiones y esperanzas.

La mujer es una maravilla,
un tesoro oculto en su propio inconsciente.

Para ella el Amor es todo,
vive en su mundo amoroso, a veces ilusorio,
si se quiere, pero real,
en lo más profundo de su ser y de su estar.

La mujer es ¡"Amor"!

Concebido el día en que nació.

Antonio de Pórcel Flores Jaimes Freyre

ADVERENCIA

El texto contiene explicaciones sexuales detalladas, que quizás no sean del gusto a algunos de mis lectores. Pero no tengo otra manera de explicar, sinceramente, lo que he vivido.

No quiero ni pretendo ofender a persona alguna. Si el lector no está cómodo con el texto:

POR FAVOR NO LO LEA

Información Editorial

Diseño de las portadas:
ToTTó "El Bohemio Boliviano"

Revisión y Edición:
Antonio de Pórcel Flores Jaimes Freyre
Prefacio: Antonio de Pórcel Flores Jaimes Freyre
Prólogo: Antonio de Pórcel Flores Jaimes Freyre
Colección 06 - Anécdotas 26-33

Publicado por:
Nicolás de Pórcel Linale
Fresno, California
Estados Unidos de América
Primera Edición: 2023

**Editorial:
"Tres Baturros
En Un Burro"**

*"El miedo

no permite hacer lo que una quiere.

Debes vencer tu miedo

si quieres ser realmente

feliz."*

Índice Colección: Anécdotas 26-33
Vol 9:C-64-66. Vol 8-Ca-60.
Vol 3:Ca 23-26.

Dedicatoria	08
Reconocimientos	10
Agradecimientos	11
Prefacio	13
Mis Principios de la Relación: Mujer Hombre	19
Prólogo: Descripción t Contenido	21
Anécdota 26 (V09-C64) Seema, Maru, ,Arelia, Brenda..(1970-1972)	23
Palo Alto California ---------Stanford, Facultad de Educación	
Anécdota 27 (V09-C65) Frida, Nicole------- (1971 - 184)	41
Carmel by the Sea California ------La Verdadera Amistad	
Anécdota 28 (V09-C66) Cristina, Ronda, Agusta, María José, Rebeca- (1974) España, Paris --------Profesor Universitario	53
Anécdota 29 (V08-C60) Herminia, Joane, Thelma, Alida (1969)	83
Stanford California----------------------------------Mis Primeros Pasos	
Anécdota 30 (V03-C23) Maru, María, Ronda, Martita, Ann (1974)	113
Stanford California------Maru se Divorcia de un Bohemio	
Anécdota 31 '(V03-C24) -------------René (1981)	133
San Diego California -----------------Escuela de Masaje	
Anécdota 32 '(V03-C25) María L., Gina ------------- (1952-1954)	143
Miraflores La Paz ---------------------- Mis Bellas Vecinas	
Anécdota 33 '(V03-C26) Bernarda, Sofía, Nancy, Maru (1959-1960)	153
La Paz ------------------------------Mi Matrimonio con Maru	
Apéndice E: ¿Cómo Hacer el Amor? Orgasmo Sexual con Amor	167
Apéndice G: Cartas de Amor a un Bohemio::	199
Acerca del Autor	217
Libros de ToTTó Publicados en Amazon	218

Antonio de Pórcel Flores Jaimes Freyre

Dedicatoria

A: La Mujer

La mujer es un misterio.

*Cada una es diferente: en diferentes
maneras, tiempos,
espacios, circunstancias y ocasiones.*

*Cada una crea su propia magia, con ungüentos
de ilusiones y esperanzas.*

*La mujer es una maravilla, un tesoro oculto
en su propio inconsciente.*

*Para ella el Amor es todo,
vive en su mundo amoroso,
a veces ilusorio,*

*pero real, en lo más profundo
de su ser y de su estar.*

*La mujer es "Amor",
concebido el día en que nació.*
=======

Pensamientos de un Bohemio

La Mujer

Tesoro de la creación

¡Quién pudiera!
Adorarla todo el tiempo

¡Quién pudiera!
Venerarla día y noche

¡Quién pudiera!
Hacerla feliz cada segundo

¡Quién pudiera!
Amarla sin condición alguna

¡Quién pudiera!
Borrar sus penas

¡Quién pudiera!
Sembrar sus alegrías

¡Quién pudiera!
Cultivar sus sonrisas

¡Quién pudiera!
Sembrar su entrega y su ternura

¡Quién pudiera!

¡Quién pudiera!

Antonio de Pórcel Flores Jaimes Freyre

Reconocimientos

A mis Padres:

*Hortensia Flores Sáenz
de Pórcel (Mamá Hortensia)*

*Alberto de Pórcel Jaimes
Jaimes Freyre (Papá Jaime)*

*Por la gran herencia que me regalaron,
mi inmortalidad en el pasado*

A mis Hijos:

*Nicolás de Pórcel Linale Flores
Cecilia de Pórcel Linale Flores de Losee*

*Por la felicidad de mi buen augurio,
mi inmortalidad del futuro*

ToTTó

Agradecimientos

Agradezco valiosa colaboración:

En la publicación: a mi admirado hijo
Nicolás de Pórcel Linale.

A mi querida hermana,
Teresa de Pórcel Flores Jaimes Freyre:

Por animarme a lanzarme y compartir con mis lectores mis publicaciones.

A mis amigas y amigos:

Miles de gracias a todos. Cada uno, a su manera, me ha ayudado y estimulado durante el transcurso de mi corta carrera como escritor.

ToTTó

Antonio de Pórcel Flores Jaimes Freyre

*Mi intención
es presentar la gran diferencia
que existe entre: "*

Hacer Sexo Con Amor"

y

"Tener Sexo Sin Amor".

Prefacio
Mi Teoría de Amor y del Sexo

Mi teoría acerca del amor y del sexo, ha nacido de mis experiencias amoroso-sexuales descritas en forma narrativa, incluyendo diálogos. Mi intención es presentar la gran diferencia que existe entre: "Hacer Sexo Con Amor" y "Tener Sexo Sin Amor".

"Hacer Sexo Con Amor" requiere que los amantes estén: "Enamorados", se amen con sinceridad, sin engaño y sin mentira. "Tener Sexo Sin Amor" en una unión puramente sexual, es necesaria solamente para satisfacer una necesidad sexual. No es necesario amar a la otra persona.

El fenómeno misterioso que origina y crea la atracción amorosa entre dos personas, en un momento dado y que, algunas veces, cuando hay verdadero amor, culmina en un "orgasmo Amoroso-Sexual. El misterio del "Cupido de Venus y de la Flecha Amorosa".

¿Cómo y por qué uno se Enamora?

Distingo entre el "Amar y el "Estar Enamorado" Amar es sentir Amor, como uno siente, la brisa del viento, las gotas de la lluvia, las caricias del sol, la paz de la noche soñada.

Estar "Enamorado", es vivir, en el Amar, a la persona amada, vivir el amor dentro de esa persona, en ella (en él). Es respirar el amor, llenar los pulmones con amor. Es latir su amor, de ahí que metafóricamente, decimos que uno se "enamora", con el corazón. Cuando se pierde el "vivir en el amor" de la persona amada, al amante le duele, se le parte el corazón. Canta la metáfora: "La Flecha del Cupido", hiere al corazón.

Antonio de Pórcel Flores Jaimes Freyre
¿Cual es la relación entre el Amor y el Sexo?

La vida sigue existiendo, sigue viviendo, gracias a las relaciones sexuales de los seres vivientes. Relaciones estás, que parece, nada tienen que ver con el amor.

Si los animales y las plantas se aman antes y después de tener sexo, nadie lo sabe. Se puede suponer que si se aman, es imposible comprobarlo.

Creo que el Amor existe en si mismo, que no depende de la unión sexual. La unión sexual no es necesaria, para estar enamorado, para amar y seguir amando. La unión sexual amorosa es un fruto del amor, no es al revés. Es decir que la pura unión sexual no produce Amor. Produce la satisfacción sexual, satisface la necesidad biológica de hacer sexo, de sentir un orgasmo una satisfacción sexual, nada más.

El amor no satisface necesidad alguna, porque el Amor no es una necesidad. El amor es un milagroso sentimiento de unidad existencial con el ser amado.

Para sentir, vivir la magia de un "Orgasmo Amoroso-sexual", primero se tiene que "Amar". Es el "Amar" que produce la "Unión Sexual Amorosa". El sexo con amor, nace, es producido, generado por y del "Amar".

El amor existe, en el momento de amar. Es independiente del tiempo y del espacio. Es una entrega del Ego, en busca de la felicidad del ser amado, sin condiciones, totalmente gratuita. Es la renuncia a uno mismo, en beneficio de la persona amada, que produce la felicidad de ambos amantes, durante el momento de amar. Estar enamorado es perderse dentro del amor de la persona amada. De ahí que se dice que: "El Amor es Ciego", no mira ni puede mirar las circunstancias. El amor es energía, nunca se acaba, sólo se trasforma. En realidad, nada tiene un final, la vida sigue dando vueltas.

Mis lectores notarán que hay "Algo Común" en las bellas mujeres que he tenido la suerte de amar, cuando en la relación amorosa es verdadera y no hay engaño. Ese "Algo Común" es la aceptación de la realidad amorosa, cuando es "Sincera"; en el conocimiento y la aceptación de la verdad; y en el ejercicio de la libertad personal.

Al no haber engaño en el amor, la mujer se siente libre, sin miedo, lo cual fortifica su confianza en si misma. Se anima fácilmente, a hacer, querer y demostrar, sin miedo, sus sentimientos y emociones. Aprende a no tener la necesidad de aparentar, haciendo aquello que cree estar obligada, a no hacer aquello que ella no quieren hacer. Es decir, aprende a respetarse a si misma.

Eso sucede, porque en la relación amorosa, al darse cuenta y saber que no hay engaño, la mujer siente que el amor la obliga a entregarse incondicionalmente al ser amado. Cuando sabe y siente que es amada de verdad, no siente celos, ni envidia.

Este cambio en la mujer, es un fenómeno real, verdadero e interesante. Es el producto de un amor genuino, verdadero e incondicional. Una relación amorosa sincera y sin engaño, no termina, sigue existiendo, sin la necesidad de la presencia física de los amantes.

Otro aspecto interesante de este cambio, es el despertar de la curiosidad femenina. Una curiosidad real, bien intencionada. Al principio de la relación amorosa, cuando es sincera y sin engaño, la mujer está muy intrigada y curiosa.

En toda relación amorosa, el respeto es el fruto de la sinceridad. Sólo existe, cuando no hay lugar a la mentira ni al engaño. La verdadera unión amorosa, depende de la sinceridad de ambos amantes.

Antonio de Pórcel Flores Jaimes Freyre

El amor, la veneración, la adoración, la entrega total del Ego, sin compromiso alguno, sólo se cultivan, cuando hay sinceridad. La sinceridad es la base de relación amorosa. Una relación amorosa sin miedo y sin vergüenza se alimenta de la sinceridad que, poco a poco, va fortaleciendo la relación, ya sea de amistad, de amor, o cualquier otra. El miedo y la vergüenza son microbios funestos que matan la sinceridad, destruyen el amor, los celos y la envidia.

La mayoría de las relaciones amorosas terminan cuando no hay verdadera sinceridad, cuando hay engaño y pretensiones calculadas. Cuando el amor es egoísta, interesado, se vuelve un instrumento de dominio, de posesión el ser amado.

"Si me quieres, demuéstralo haciendo lo que te pido.
Si no lo haces, no me quieres."

Él "Hombre Macho: necesita demostrar, a si mismo y a la mujer, que él es el "jefe", que él es el que manda, que es muy macho. Cree que su obligación es dominar a la mujer. Piensa que una buena mujer, debe hacer siempre, lo que a él le da la gana. Si ella no lo hace, entonces no es una "buena mujer".

Una mujer aguanta los malos tratos por miedo, por vergüenza y/o por necesidad. El hombre abusivo la maltrata también por miedo. Los hombres abusivos son cobardes.

La Sinceridad en el Amor

La sinceridad no es, simplemente decir y respetar siempre la verdad. Es necesario vivir la verdad.

Si yo puedo vivir sin engañarme a mi mismo, no necesito engañar a los demás. Si puedo vivir mis verdades, no tengo miedo mostrarlas al mundo, porque me respeto a mi mismo y porque respeto al prójimo.

Si me respeto, no tengo miedo a lo que digan, piensan, comenten, etc., personas que no pueden vivir sus verdades. Que tienen que engañarse a si mismas, aparentando lo que no son. Que tienen que cubrir, de alguna manera, un amor verdadero que sienten, pero que está prohibido.

De tu intención, depende el respeto que tu tienes por ti misma-o. Si eres sincera-o contigo misma-o, te respetas. Si te respetas a ti misma(o) eres sincera(o) con los demás. No importa lo que ellos (ellas) piensen y digan de ti.

En el amor, desafortunadamente, no se puede garantizar el futuro. El Amar, el verdadero amor vive, existe sólo en el presente, no en un futuro que no conocemos, no es una promesa a cumplir. Un plan de amor para el futuro, es una esperanza, una ilusión, un castillo de arena, es sólo eso, pura arena que vuela con el viento.

La madre ama sin condiciones, sin esperar ser amada. Si sus hijos la aman, es feliz. Si no la aman, estará triste, pero los seguirá amando.

La persona que ama, también lo hace sin condiciones. La que necesita ser amada, pone toda clase de condiciones.

Si realmente te amas a ti misma,
no necesitas que alguien te ame. Sientes y vives el amar.

Si te amo, mi prioridad es que tu seas feliz. Haré todo lo posible y hasta lo imposible para que tu seas feliz. Si fuera necesario que yo me aleje de ti, para que tu seas feliz, feliz me alejare de ti, pero te seguiré amando. Esta es la paradoja: Soy feliz contigo y soy feliz sin-tigo. Soy feliz porque te amo. No importa lo que tu hagas, si lo que estás haciendo te hace feliz. Porque mi felicidad es que tu seas feliz.

Antonio de Pórcel Flores Jaimes Freyre

Generalmente, se confunde el deseo sexual con el amor, ese amor se convierte en una necesidad y esa necesidad va, poco a poco, matando al amor. Un deseo no es amor, es un impulso, una necesidad que tiene que satisfacerse, valga lo que valga. Se desea lo que no se tiene, lo que se quiere. Un deseo sexual, no necesita amor, para satisfacerse.

Cuando en una pareja, ambos están sinceramente enamorados, tienen y sienten un amor verdadero, se aman con total entrega, sin egoísmo, sin condiciones, sin impedimentos, sin engaños ni pretensiones, sin necesidad de pruebas amorosas, entonces no necesitan que su amor sea demostrado, no necesitan "Ser Amados", porque se aman.

El tiempo y el espacio no son factores en el amor. Los amantes que no tienen la suerte de poder estar, vivir juntos, por cualquiera que sean las circunstancias, si realmente se aman, con una entrega sincera, incondicional, la esencia y la existencia de ese amor no muere. Su recuerdo es imperecedero.

El Amor sigue existiendo como una sombra placentera, que los persigue. Pensamos en la amada, sonriendo y somos felices. No es imposible que yo te ame, que tu me ames, porque nos amamos, pero puede ser imposible que estemos juntos, en el mismo espacio y tiempo.

El engaño es el veneno mortal del amor, mata toda relación amorosa. La sinceridad es el agua bendita en la pila bautismal de la relación amorosa.

Estás son mis vagas ideas bohemias . . .

Pero este bohemio ¿Qué sabe, si sabe nada?

Colección de Anécdotas Amoroso Sexuales Anécdotas: 26 a 33

Mis Principios de la Relación: Mujer y Hombre

Los siguientes seis principios constituyen la base del contenido de cada anécdota:

1.- El Respeto a uno mismo y al prójimo: Haciendo hincapié en el respeto a la mujer.

2.- La Sinceridad, que es la base fundamental del Amor y de toda relación humana. Nace y es el producto del Respeto.

3.- El Respeto a la Tercera Persona: que es el producto de la sinceridad y del respeto a uno mismo. Indica que no se puede, ni se debe hablar, de una tercera persona si ella no está presente para oír y participar en la conversación.

4.- El Amor y el Sexo: La diferencia entre un orgasmo puramente sexual y un orgasmo Amoroso-Sexual.

5.- Educación Amorosa-Sexual: La falta de una buena y suficiente enseñanza de: como hacer el amor a una mujer, en nuestro mundo 'machista'.

6.- La Curiosidad: Elemento fundamental para aprender a ser feliz en el Amor.

Las ideas bohemias acerca de estos principios, han sido el motivo que me impulsó a escribir mi Autobiografía.

ToTTó

> > > > > > * * * * * * < < < < < <

Antonio de Pórcel Flores Jaimes Freyre

Las ideas bohemias

*acerca de estos principios,
han sido el motivo
que me impulsó
a escribir mi*

Autobiografía y los Compendios.

*Cada anécdota
cuenta la historia
de una o varias*

mujeres maravillosas,

*qué han dejado
profundas huellas*

en mi vida.

Prólogo Descripción y Contenido

Este libro es el primero, de una colección titulada: Anécdotas amoroso-sexuales de un Bohemio".

Mis "Anécdotas" incluidas en este libro, describen mis experiencias con el Amor y el Sexo. La mayoría describe hechos verdaderos, que me han sucedido a lo largo de varios años. Algunas son descripciones elaboradas, semi-ficticias, nacidas en y de la imaginación del autor.

Mi intención del es narrar en forma descriptiva y usando diálogos, algo que me sucedió hace tiempo, tal y como lo lo recuerdo. No pretendo establecer 'verdades', escribir "historia", ni dar consejos.

Los nombres y características personales de esas mujeres maravillosas, son ficticios y no corresponden a la realidad. Cualquier parecido con la realidad, es pura coincidencia.

Como ya escribí y vuelvo a repetirlo, el texto contiene descripciones y explicaciones sexuales detalladas, que quizás no sean del gusto de algunos de mis lectores.

Cuatro o cinco anécdotas están incluidas en cada uno de los libros de esta colección. Cada libro se independiente, anquen en algunos, hago referencia a anécdotas contenidas en otro libro. El índice al principio del libro, muestra el título a cada anécdota y una corta descripción de su con etino.

ToTTó

Antonio de Pórcel Flores Jaimes Freyre

*Este libro contiene descripciones
sexuales explícitas y detalladas*

*Si el lector no está cómodo
con el texto,*

por favor no lo lea.

> > > > * * * > > >

Anécdota 26 (V09-C64)
Seema - Arelia - Breda - Maru
(1970 - 1972)
Facultad de Educación
Revisión de Test para Jardín de Niños
Doctor F.R. Stanford - California

En 1970, sabía un poco de Ingles. Era asistente del Doctor F.R.. La doctora Seema, profesora Griega, trabaja con él. Seema se dedicaba a investigar estudios de la Autoestima ("Self Esteem") en niños de edad pre-escolar.

Seema, una psicóloga con experiencia en niños y adolescentes, sabía nada de tests y muy poco de estadística. Ese era su problema. Lo bueno era que hablaba español. Mi trabajo era revisar tests utilizados para la evaluación de la 'Autoestima'. Debía presentar un resumen de los tests que usaban y de los resultados.

Pensé que podía enseñarle como hacer la investigación usando técnicas estadísticas, pero ella sólo estaba interesada en saber cuáles eran los mejores tests y si servían.

La investigación en esa área no era muy científica que digamos. Muchos intentos, bastante teoría y pocos resultados de confiar. En mi opinión, era un trabajo de alcachofa, muchas hojas y poca comida. Quiero decir, mucha lectura y poca sustancia.

Seema había presentado dos estudios que fueron aceptados. Para presentar su tercer estudio, necesitaba obtener más información. La información que estaba buscando, no era muy específica. Por otra parte, yo no tenía suficiente experiencia con esa clase de estudios. Tampoco tenía bastante experiencia trabajando con párvulos de esa edad. Enseñé en clases de Kindergarten, pero no en clases para pre-escolares.

Esto es lo recuerdo de nuestro primer encuentro:
========
ToTTó: "El Doctor F.R. me pidió que la ayude en su investigación. No hablo bien inglés, lo leo muy bien y no lo sé escribir."

Antonio de Pórcel Flores Jaimes Freyre

Seema: "Ya lo sé. Yo pedí que usted sea mi ayudante. Hablo Español, será fácil entender lo que usted escriba."
ToTTó: "¿Puedo preguntarle algo sin que usted se ofenda?"
Seema: "Depende de la pregunta. Acaba de estimular mi curiosidad. Pregunte."
ToTTó: "¿Por qué me escogió? Hay estudiantes mucho más calificados, que hablan y escriben en inglés perfectamente."
Seema: "Su consejero es el Doctor L.C.. Si él aceptó ser su consejero, usted está muy bien recomendado. Estoy curiosa. ¿Por que él aceptó ser su consejero?"
ToTTó: "Quizás porque no me conoce bien."
Seema: "Ja. Ja. Ja. Ya me dijeron que con usted es difícil hablar en serio. Nos llevaremos bien. Me gusta su sentido del humor."
ToTTó: "Se hace lo que se puede."
Seema. "No se confie. Conmigo es posible que usted tenga que hacer lo que no se puede."
ToTTó: "El destino lo dirá. Leí los dos estudios que usted presentó los años pasados. Pero no leí su estudio, el de este año."
Seema: "Ese no lo puede leer, porque no lo presenté todavía. Ese el trabajo que tiene que hacer usted. Conseguir la información que me falta, para presentarlo."
ToTTó: "Ahora entiendo mejor. Me gustaría leer lo que usted tiene a la fecha, si es posible."
Seema: "Parece que usted es como un ratón que quiere comer el queso fresco."
ToTTó: "Un ratón que no tiene miedo a la gata."
Seema: " Ja. Ja. Ja. Es usted muy bromista. Me gusta su carácter."
ToTTó: "Es difícil encontrar una gata que no guste de un ratón. ¿No le parece?"
Seema: "Basta ya. Nada de tratarme de usted, ni de doctora. Me llama Seema y yo lo llamo ToTTó. Así empezamos, como buenos amigos."
ToTTó: "Todo lo que usted . . . Perdón ... digo lo que tu quieras. Te respeto más porque eres mujer, que porque eres doctora."
Seema: "¿Qué dices? ¿Estás loco?"
ToTTó: "Te cuento que conozco de cerca como se trata a la mujer en Grecia."

Colección de Anécdotas Amoroso Sexuales Anécdotas: 26 a 33

Seema: "¿Cómo sabes eso?"
ToTTó: "Viví tres lindos meses en Atenas en la residencia del Rector de la Iglesia de San Nicolás. Un obispo. Viajé a Tesalónica con una de sus hijas, a conocer a su familia. Ella era psicóloga. Por eso se como tratan a las mujeres en Grecia." {Volumen4; Capitulo 36; Páginas 31- 36}
Seema: "Me tienes que contar cómo fue ese viaje. Nací en Atenas. Estudie y soy profesora en la universidad de Atenas. Estoy de intercambio acá. Es como un largo Sabátical. Este es mi último año. No se si cuando vuelva, me será fácil adaptarme a nuestras costumbres griegas y ortodoxas."
ToTTó: "Si no quieres, no tienes que volver."
Seema: "Eso dices porque no conoces. No me puedo quedar acá por más tiempo, porque tengo una visa de intercambio."
ToTTó: "En eso tienes razón. Conozco muy poco de visas."
========
Seema era un poco mayor que yo. Tamaño mediano. Ni bonita ni fea. Cuerpo un poco rechoncho, amplios senos, cintura abundante Cara redonda con una amplia y amable sonrisa, cejas pequeñas, ojos negros, nariz griega, labios sensuales, cabellos negros, peinado corto. Caminar sensual. Cautivaba fácilmente por su manera de ser abierta y sincera. Pronto nos hicimos amigos.

Como es mi costumbre, no esperé a terminar mi investigación, para mostrar los resultados a Seema. Quise que ella trabajara conmigo. Mi intención era que ella aprenda como se debe hacer una investigación seria. No sabía si ella iba aceptar. Era mi jefa, por así decirlo.

Revisé casi todo lo que se había publicado a la fecha. Nada interesante, con excepción de una escala de observación de la conducta en las clases de niños, hijos de emigrantes de habla castellana. La escala me pareció original. Pero el uso que de ella hicieron era bastante deficiente. Los dos estudios no tenían un diseño experimental apropiado. El análisis estadístico era muy elemental.

Cuando terminé, le mostré los resultados.

Antonio de Pórcel Flores Jaimes Freyre

========

ToTTó: "¿Qué te parece el informe que dejé el viernes pasado?"
Seema: "Muy interesante. Parece que los investigadores no están haciendo un buen trabajo. Me alegra que sea así."
ToTTó: "¿Por qué te alegras? Me parece raro ."
Seema: "Porque actualmente en Grecia, la influencia americana es bastante fuerte. Los expertos, muchos de los cuales han estudiado en USA, están tratando introducir tests, como la única manera de saber si los alumnos están aprendiendo. Yo no estoy de acuerdo con eso. Ahora puedo demostrar que, por lo menos, para niños de esa edad, no vale la pena usar esos tests. Tu informe me va ayudar a demostrarlo."
ToTTó: "Si eso es todo lo que te interesa, entonces, he terminado mi trabajo contigo. Pero creo que tu puedes sacar más provecho de todo esto."
Seema: "Ja. Ja. Ja. Ya sabía yo que tu irías mas lejos. No te contentas con leer lo que han hecho otros. Tu quieres hacerlo."
ToTTó: "¿Crees que puedes quedarte un año más?"
Seema: "Me gustaría. Pero no creo que sea posible."
ToTTó: "¿Por qué no hacemos la prueba. Si no sale bien, no pierdes algo que no tienes."
Seema: "¿Qué payasada tienes en mente?"
ToTTó: "Leíste lo que escribe de esa escala de observación."
Seema: "Si. Parece que es lo único interesante."
ToTTó: "¿Sabes hacer una investigación experimental?"
Seema: "La verdad es que no lo sé."
ToTTó: "Si quieres quedarte, un año más, escribimos un proyecto de investigación experimental. Lo presentas al Decano, pidiéndole que escriba una carta."
Seema: "Eres un loco. No sé hacer estudios experimentales."
ToTTó: "Te ayudo. Aprendes. Te va a servir si quieres enseñar y ayudar a tus estudiantes de doctorado, en la Universidad."
Seema: "Ya entiendo. Ahora tu quieres ser el gato y yo la ratona. Ja. Ja. Ja."
ToTTó: "Miau, miau. ¿Te interesa?
Seema: "¿Crees que con una carta del Decano, me den un año más."
ToTTó: "No creo. Ya te dije, podemos probar."

Seema: "Si me interesa."
ToTTó: "Estoy tomando el curso de computación. No entiendo un palote. Si quieres pido que tu vayas conmigo para ayudarme con el inglés. Así los dos aprendemos como usar la computadora IBM. ¿Qué te parece?"
Seema: "Sé nada de computadoras."
ToTTó: "Los dos aprendemos. Es necesario que sepas usarla, si quieres hacer una investigación experimental."
Seema: "Eres un diablillo. Me estás tentando."
ToTTó: "No te estoy tentando. Te estoy desafiando."
Seema: "¡Qué atrevido que eres!"
ToTTó: "¿Aceptas el desafío? ¿Tienes miedo? Ya te dije que eres una mujer libre y puedes hacer lo que quieras."
Seema: "No tengo miedo. Lo acepto. ¿Cuando empezamos?"
ToTTó: "Ayer."
Seema: "¿Cómo es eso?"
========
Di a Seema un borrador del proyecto. Una estudio simple usando esa escala de observación en tres clases de párvulos. Ella debía hacer las observaciones, con una ayudante. Yo lo demás."
========
ToTTó: "Toma. Este es el estudio. Léelo con calma. Escribe todas las preguntas y las dudas que tengas. Lo revisamos y lo presentas al Decano, pidiendo que te ayude. ¿Qué te parece?"
Seema: "¡Cómo! ¿Ya escribiste el proyecto? Siempre estás un paso adelantado."
ToTTó: "Se hace lo que no se puede, me lo haz enseñado." Ja. Ja. Ja."
Seema: "¿Sabes? He estado averiguando como eres con tus amiguitas. Estaban muy contentas de contarme como son ellas contigo."
ToTTó: "No es bueno confiarse en cometarios de otras personas. ¿Qué tienen que hacer tus averiguaciones con este proyecto?"
Seema: "¿Cuáles son tus verdaderas intenciones conmigo?"
ToTTó: "Se hace hasta lo que se puede." Ja. Ja. Ja."
Seema: "Tengo que admitir que me gusta estar contigo. No estoy lista para todo eso. No sé si quiero que hagamos ese estudio."

Antonio de Pórcel Flores Jaimes Freyre

ToTTó: "Depende de ti. Si quieres lo hacemos."
Seema: "Quiero quedarme un año más. Tienes que prometerme que te vas a portar bien."
ToTTó: "Ya te dije. Uno hace lo que se puede. Te lo prometo, si tu también te portas bien."
Seema: "Sigues siendo atrevido. Soy un dama."
ToTTó: "Menos mal que no estamos jugando ajedrez."
Seema: "Ja. Ja. Ja. Siempre me haces reír."
========
Seema escribió el proyecto en inglés y lo presentó al Decano.
{*¿Qué pasó con Seema? Está es otra historia digna de otra anécdota.*}

Andrea, la Secretaria del Decano me llamó {Volumen 5; Capítulo 43; páginas 120-125}
========
Andrea: "ToTTó, ven esta tarde a las 3 en punto. El Decano quiere hablar contigo."
ToTTó: "¿Sabes de que se trata?"
Andrea: "Esa profesora griega ha presentado un proyecto. Lo he pasado en limpio como se acostumbra, con los nuevos proyectos. Sé que lo haz escrito tu."
ToTTó: "¿Cómo lo sabes?"
Andrea: "Por favor, no te hagas en tonto. Te conozco muy bien. Una amiguita más. Me alegro, no estoy celosa. Me va a gustar conocerla. Parece buena persona."
ToTTó: "Ya sabes. Uno hace lo que se puede."
Andrea: "Ja. Ja. Ja. Siempre haces más de lo que se puede. Quiero ir a la playa contigo este fin de semana. Ya hable con Maru."
ToTTó: "Como tu quieras Princesa. Será un placer."
Andrea: "Quiero que lleves a la Griega."
ToTTó: "¿Qué dices?"
Andrea: "Ya hablé con ella también, está interesada. No pierdes el tiempo. Ja. Ja. Ja."
ToTTó: "Que necesito llevar esta tarde?"
Andrea: "Sólo tu personita."
ToTTó: ¿Qué vas a llevar tu?
Andrea: "¿Va ser una sorpresa?"

28

ToTTó: "Una 'sor-presa' es una monja en la cárcel. ¿Que es lo que quiere el Decano?"
Andrea: "El Decano quiere saber si tu lo haz escrito, antes de aprobarlo. Eso te va a preguntar. Ella se quiere quedarse un año más. Como siempre, haz hecho un buen trabajo. Ja. Ja. Ja."
========
El Decano aprobó el proyecto y obtuvo los fondos para cubrir los gastos. Seema obtuvo permiso para quedarse un año más.
========
Seema: "Estoy feliz. Aprobaron el proyecto y consiguieron los fondos. Podemos empezar con el proyecto. En el presupuesto que hicimos, tenemos fondos para dos asistentes. ¿A quienes recomiendas?"
ToTTó: "¿Quieres que sea bilingüe?"
Seema: "¿Qué dices? ¿Cómo se te ocurre eso?"
ToTTó: "No especificamos el tipo de población de niños. En San José hay dos escuelas que ofrecen un programa para Pre-escolares. Muchos de los niños son de padres latinos."
Seema: "Eso no lo sabía. Así es más interesante. Entonces necesitamos que los ayudantes sea bilingües."
ToTTó: "Así es, si quieres que el proyecto sea bilingüe."
Seema: "Siempre estás buscando como ayudar a los latinos."
ToTTó: "No es eso. Si es bilingüe y si queremos seguir la segunda etapa del proyecto, será más fácil conseguir fondos."
Seema: "Piensas en todos los detalles. ¿Crees que es fácil hacerlo bilingüe?"
ToTTó: "Ya está hecho. Lo que yo escribí es en español. Sólo tenemos que preparar las instrucciones en los dos idiomas. Eso es fácil."
Seema: "Entonces lo volvemos bilingüe. Tu tienes que elegir a las dos ayudantes. Tu las conoces."
ToTTó: "Hay dos nuevas en el programa. No las conozco muy bien. Se que hablan los dos idiomas."
Seema: "¿Quienes son?"
ToTTó: "Una se llama Arelia, creo que es mexicana. La otra se llama Breda, creo que es Salvadoreña, pero no estoy seguro. Si el Doctor F.R. acepta ser su consejero, no habrá problema."
Seema: "¿Cómo hacemos para que las acepte?"

Antonio de Pórcel Flores Jaimes Freyre

ToTTó: "Tienes que entrevistarlas. Preguntas lo que quieren hacer para obtener su doctorado. Si han escogido al profesor para consejero. Hablarles del proyecto y les dices que las ayudaras con sus disertaciones. Tu ya sabes como hacerlo."
Seema: "Eso haré inmediatamente."
ToTTó: "Espera un poco. Hablaré con ellas para prepararlas. Así no tendrás problema en convencerlas."
Seema. "No sé que haré contigo. Tengo que tener cuidado. No quiero enamorarme de ti. Eres un caso perdido. Pero me gusta trabajar y estar contigo."
ToTTó: "Se hace lo que se puede."
Seema: "Ja. Ja. Ja. Vete que tengo una cita con el Decano."
ToTTó: "Ya lo sé."
Seema: "Tu amiguita Andrea ya te lo dijo."
ToTTó: "¿Cómo sabes de ella?"
Seema: "Somos amigas. Cosas de mujeres, no preguntes."
========
Hablé primero con Arelia. La encontré en la cafetería.
========
ToTTó: "Perdone. ¿Le molesta que me siente con usted?"
Arelia: "Si. Lo conozco de oídas. No sé si está bien que me vean con usted."
ToTTó: "En eso tiene razón. No podemos pedir a todos que cierren sus ojos."
Arelia: "Ja. Ja. Ja. ¿A quien se le ocurre decir esa sonsera. ¿Qué quiere? ¿Por qué quiere sentarse conmigo?"
ToTTó: "No me gusta comer solo. Hay cuatro asientos en la mesa. Usted puede escoger en cuál me siento."
Arelia: "Otra sonsera más. Parece un payaso."
ToTTó: "Tenga cuidado."
Arelia: "¿Por que dice eso? Sé cuidarme muy bien."
ToTTó: "No lo dudo. Pero la apariencias engañan. No todo lo seco, con agua me moja."
Arelia: "Siéntese y hable en serio. Le hice una pregunta y no me contesto. Eso es falta de educación."
ToTTó: "Parece que a los dos eso nos falta."
Arelia: "A usted le falta, a mi no."
ToTTó: "No lo creo."

Colección de Anécdotas Amoroso Sexuales Anécdotas: 26 a 33

Arelia: "¿Por qué no me cree? No soy una mentirosa."

ToTTó: "Perdone. La respeto por que es mujer. Respeto a la mujer desde que era niño. Mi madre me lo ha enseñado."

Arelia: "Dice que me respeta y que no me cree. Eso es otra falta de respeto."

ToTTó: "No le creo, porque los dos estamos en la faculta de Educación. A los dos nos falta un poco de educación."

Arelia: "Otra sonsera mas. Conteste a mi pregunta, no le de más vueltas. ¿Por qué quiere sentarse a mi mesa."

ToTTó: "Primero, no creo que esta sea su mesa. Pero eso no importa. Quiero sentarme con usted, porque quiero ayudarla."

Arelia: "¡Qué chistoso! No se cuáles son sus intenciones. Eso no lo había oído antes. No estoy en busca de esas aventuritas."

ToTTó: "Si ya las tiene, no hay porque las busque."

Arelia: "Ja. Ja. Ja. Si quieres sentarte conmigo, primero contesta mis preguntas. ¿Cómo me puedes ayudar si no me conoces?"

ToTTó: "Gracias por tutearme."

Arelia: "Eso no importa, así es más fácil."

ToTTó: "¿Haz escogido tu consejero?"

Arelia: "Contestas mi pregunta con otro pregunta. Eso es personal. no te conozco. No creo que a ti te importe a quién escojo."

ToTTó: "Tienes razón. A mi no me importa. A la que debe importarle es a ti. Por eso te pregunto."

Arelia: "No he escogido todavía. Soy nueva, No conozco a los profesores. Me han dicho que el consejero es muy importante, que tenga cuidado que no se puede cambiar de consejero. La verdad es que tengo un poco de miedo."

ToTTó: "Te han dicho la verdad. Pero no hay porque tener miedo. Yo los conozco muy bien y no quiero que tu pierdas una gran oportunidad."

Arelia: "No me conoces. Ya te dije que no sé cuales son tus intenciones."

ToTTó: "Te dije que te respeto porque eres mujer. Me respeto a mi mismo. Eso debe bastar. Parece que es difícil ayudarte."

Arelia: "Por favor no lo tomes así. No te enojes. No quise ofenderte. ¡Qué tonta soy! Tengo miedo. Los hombres latinos se presentan muy bien, para después tomar ventaja. Parece que tu no eres así."

Antonio de Pórcel Flores Jaimes Freyre

ToTTó: "Nunca me enojaré contigo. Te lo prometo y cumplo mis promesas. Quiero ayudarte un poco, porque cuando yo empecé acá, no conocía, una buena señorita, como tu, me ayudó a dar mis primeros pasos. Eso es todo."
Arelia: "Gracias. ¿Cómo puedes ayudarme?"
ToTTó: "Hablas muy bien el español y el inglés. Por eso te recomendé a la doctora Seema."
Arelia: "¿Quién es esa doctora?"
ToTTó: "Es una profesora Griega que está de intercambio. Tiene fondos para contratar dos asistentes. Se trata de un estudio experimental bilingüe en clases de pre-escolares mixtas, niños latinos y anglos. Trabajando con ella en ese estudio, te puede servir para tu disertación de doctorado. Además, como asistente, te pagan un pequeño sueldo. Te va a llamar para entrevistarte."
Arelia: "¿Que dices? ¿Me recomendaste sin conocerme?"
ToTTó: "No te conocía personalmente, pero he leído lo que haz presentado para ser admitida como candidata al doctorado."
Arelia: "¿Cómo conoces a esa profesora?"
ToTTó: "Trabajo con esa profesora. Soy su asistente."
Arelia: "¿Su asistente? Me sorprendes. Te presentas como un payaso y resultas ser asistente de una profesora. Me recomiendas sin conocerme personalmente. Quieres sentarte a mi mesa. Te haz burlado de mi todo en tiempo. Eso no me gusta."
ToTTó: "Burlarme de ti no ha sido mi intención. Perdóname. Nunca me burlaré de ti, ni de mujer alguna. Te dije que las respeto. Debes creerme, porque no soy un mentiroso."
Arelia: "Tu me perdonas. Te dije que tengo miedo. No confío en los hombres. No he tenido buenas experiencias. Parece que tu eres diferente. Gracias por querer ayudarme."
ToTTó: "Está bien. Fue mi culpa por hacer bromas queriendo que te rías. No hablo en serio, pero hago las cosas en serio. Si aceptas ser una asistente, vamos a trabajar juntos."
Arelia: "¿Ella va ser mi consejera?"
ToTTó: "No. Ella no puede ser tu consejera. Es una profesora visitante de intercambio. Es griega. Es profesoras de la universidad de Atenas, va a ser el Doctor S.R.. Seema trabaja con él."
Arelia: ¿Que debo hacer para prepararme para cuando ella me entreviste? Me gusta estar preparada."

ToTTó: "Si te pregunta le dices que hablaste conmigo. Que te di una copia del proyecto y que estás interesada.
Arelia: "¿Me vas a dar una copia del proyecto?"
ToTTó: "Si. Tienes que pensarlo, antes de decidirte."
Arelia: "Eres un payaso. Me acabas de interesar. Me haz convencido. Me presentas una magnífica oportunidad y ahora quieres que lo piense. ¿Qué tengo que pensar? Dame la copia del proyecto. Me preparare muy bien para esa entrevista. "
ToTTó: "Así lo espero. Te daré esa copia si estas segura."
Arelia: "Dámela ahora mismo. Estoy segura."
ToTTó: "¿Eres amiga de Breda?"
Arelia: "Ahí vas otra ves con tus preguntas. ¿Qué tienes que hacer Breda con todo esto?"
ToTTó: "¿Es tu amiga? Si o no."
Arelia: "Es mi mejor amiga. Estudiamos juntas en la universidad. Ella me convenció para que aplique a Stanford. Yo tenía miedo. ¿Por qué me preguntas?"
ToTTó: "Por que puedes devolverle el favor."
Arelia: "¿Cómo?"
ToTTó: "Seema necesita dos ayudantes para el proyecto."
Arelia: "¡Qué lindo! Trabajaremos las dos en ese proyecto, con el mismo consejero. ¿Quieres hablar con ella?"
ToTTó: "No. Tu hablas con ella, le explicas. Las dos leen la copia del proyecto que te voy a dar y se preparan. Le digo a la profesora que entreviste también a Breda el mismo día. ¿Que te parece?"
Arelia: "Eres un mago. Sacas de tu sombrero, como si fuera un conejo, una oportunidad que yo no hubiera soñado. Le diré Breda que tenga cuidado contigo. Ella es muy confiada."
ToTTó: "Dile lo que tu quieras. Ya sabes que eres libre de hacer y de decir lo que quieras, sin miedo, cuando estés conmigo."
Arelia: "¿Cuándo me darás la copia del proyecto?"
ToTTó: "Hemos estado conversando todo este tiempo, muy interesados no hemos comido todavía."
Arelia: "Ja. Ja. Ja. Ahora me toca reír. Llegaste tarde, yo ya comí. Me estaba por ir. ¿Que quieres comer? Yo te lo traigo. Sé como hacerlo, era mesera antes."
ToTTó: "¿Quieres hacerlo? Yo puedo ir."

Antonio de Pórcel Flores Jaimes Freyre

Arelia: "Quiero invitarte. Es lo menos que puedo hacer. ¿Qué quieres comer?"
ToTTó: "Si lo pones así, se me abre el apetito. Un capuchino con un emparedado de jamón y queso. Gracias."
Arelia: "A la orden, mi señor."
========
Fimos a mi oficina como dos buenos amigos. Le di dos copias del proyecto.
========
ToTTó: "Una copia para ti y la otra para Breda. Si tienen lagunas preguntas mi avisas. Ha sido un placer conocerte. Gracias por el almuerzo. Tendré el gusto de conocer a tu amiga Breda."
Arelia: "Cuando le de su copia, Breda va llorar. La conozco, es muy sensible. Tienes que tener cuidado con ella."
ToTTó: "¿Por qué me dices eso?"
Arelia: "Es difícil hablar contigo en serio. Haces bromas. Quizás ella no te va a entender. Va a creer que te estás burlando de ella. Le voy a decir que eres un payaso y que no te haga caso. Pero ten cuidado."
ToTTó: "Gracias por decírmelo. Tendré cuidado."
========
Seema me preguntó si hable con ellas. Le conté mi encuentro y mi conversación con Arelia."
========
ToTTó: "Hable con Arelia. Le di dos copias del proyecto, una para para su amiga Breda. Las entrevistas cuando quieras."
Seema: "Gracias. Les daré unos días para que se preparen."
ToTTó: "Así les será más fácil. Creo que tienes que hablar con el Doctor F.R., para saber si él va a ser el consejero de ellas."
Seema: "No puede ser el consejero. El proyecto es de investigación experimental. Me dijo que él no pude ser su consejero. El proyecto pertenece a la rama de Psicología de la educación, que dirige el Doctor L.C., tu consejero."
ToTTó: "Entonces que es lo que debemos hacer?"
Seema: "Hable con el Decano. Me puede quedar. El proyecto ya está fundado oficialmente."
ToTTó: "Me alegro que puedes quedarte más tiempo."
Seema: "Si. estoy feliz."

34

ToTTó: "No es para menos. Te felicito"
Seema: "Debes felicitarte a ti mismo. Tu lo haz logrado."
ToTTó: "No seas exagerada. Se hace lo que se puede."
Seema: "El Decano también me dijo, que yo puedo ser la consejera de las dos asistentes. Eso me preocupa porque no sé como las puedo ayudar. No sé como hacer una investigación experimental. Soy nula en estadística."
ToTTó: "No tendrás problema. Vas a tener que aprender como hacerlo. Eso es todo. Te va a servir cuando tengas mas estudiantes y sea una profesora famosa."
Seema: "Ya me imaginé que nos vas a enseñar a las tres. No se si podre disimular mi ignorancia frente a ellas."
ToTTó: "No necesitas disimular. Es mejor afrontar la verdad. Le dices que no sabes y que vas aprender con ellas. Así vas a ganar su confianza. Ya lo verás. No tengas miedo a la verdad."
Seema: "Tienes razón. Hacemos estupideces porque tenemos miedo. Gracias por el consejo. Eso haré."
========
En 1972 terminamos la investigación. Después de presentar los resultados de su proyecto, Seema recibió una invitación para ser profesora titular en la Facultad de Educación de una universidad australiana. En Junio de ese año Seema viajó a Sídney.

Arelia y Breda, las dos asistentes, usaron el estudio para sus disertaciones. En 1973 obtuvieron su Doctorado en Psicología de la Educación. *¿Qué pasó con Arelia y Breda? Está es otra anécdota digna de otro capítulo.)*

Mi Hermana Teresa

En Abril de 1972 mi hermana Teresa vino a visitarnos. Maru y yo fuimos al aeropuerto a recogerla. Maru y Teresa no se llevaban muy bien que digamos, pero lo disimulaban bastante bien. No sabíamos que Teresa tenía la intención de consultar con un médico y de quedarse unos meses. Cuando lo supimos, Maru me dijo:
========
Maru: "Quiero mucho a Teresa, pero sé que nos va a causar problemas."

Antonio de Pórcel Flores Jaimes Freyre

ToTTó: "¿Por qué dices eso?"
Maru: "Sólo te digo lo que pienso. Ya me ha pasado eso varias veces. Ella es diferente. Está acostumbrada a criticar. Nosotros hacemos lo que nos da la gana. No creo que ella lo apruebe."
ToTTó: "No debe importarte si lo aprueba o no."
Maru: "A mi no me importa, pero ella lo publicará en Bolivia. Eso va dar suficientes munición para que mi familia siga tratando de separarnos."
ToTTó: "Ya sabes que eso no lo podemos evitar. Es difícil para ti tener que sufrir esa situación."
Maru: "Quiero prevenir. No se cuanto tiempo podre aguantar."
ToTTó: "No te preocupes. Haremos lo necesario. Habrá una solución. Ya sabes que nos acomodamos a lo que pase."
Maru: "Eso es lo mejor que tenemos. No nos pueden separar. Soy feliz contigo."
ToTTó: "Yo también soy muy feliz contigo."
========

Creo que porque mi destino siempre me favorece, pude conseguir que un medico en Stanford Medical Center, atienda a Teresa. Ella tenía adherencias abdominales, resultado de una mala una operaron de emergencia, por una infección, cuando nació su tercera hija. Le hicieron un tratamiento. Pero no pudieron volver a operarla porque era muy peligroso.

Al principio Teresa y Maru se llevaban bastante bien. Durante el tratamiento, Teresa no se sentía muy bien, ni estaba contenta. La animábamos llevándola a las playas, a las tiendas, etc. etc..

En ese entonces, los fines de semana, íbamos de camping a playas nudistas {Volumen 03; Capítulo 29: Páginas 95-124). Teresa iba con nosotros, no le gustaba quemarse con el sol, de manera que siempre estaba vestida, sentada bajo una sombrilla, mientas nosotros nos bañábamos y jugamos volibol en la arena. Comíamos ricas parrillada. Nos divertíamos sanamente. Teresa sin comentario, disimulando, parecía muy contenta. Creo que lo hacía sin intención, como era la costumbre de las mujeres en Bolivia. Como lo predijo Maru Teresa contaba nuestras aventuras a sus amigas en La Paz.

Colección de Anécdotas Amoroso Sexuales Anécdotas: 26 a 33

La predicción de Maru se hizo realidad. Radio cocina se ocupo de dar y aumentar las noticias. Maru empezó a tener problemas con su familia. Era una buena oportunidad para su familia trate de convencer a Maru para que ella y los chicos vuelvan a La Paz. Llamadas telefónicas de La Paz, las cartas se multiplicaron rápidamente. Poco a poco, la situación fue empeorándose.

Un día, Maru me dijo que ya no podía aguantar. Tienes que hacer algo. Hablé con Teresa pidiéndole que no mande noticas de lo que hacíamos. Pero ya era tarde. El gato se ya salió de la bolsa y estaba paseando por todo los techos. Las dos estaban muy incómodas viviendo juntas.

Maru contó a Seema lo que estaba pasando. Seema tenia que viajar a Sídney. Maru me dijo:
========
Maru: "Hable con Seema. Le conté lo que está pasando. Me dijo que ella tiene que adelantar su viaje. Me ofreció su departamento para que Teresa. Me dijo que el alquiler está pagado por adelantado tres meses y no le devolverán el dinero. Sé que no vas dejar sola a tu hermana. Quizás es mejor que se vayan a vivir ese departamento. Tu ya sabes que queda cerca de aquí. Vienen a comer aquí. ¿Que te parece?"
ToTTó: "No me gusta mucho la idea. Pero si eso es lo que tu quieres y si soluciona el problema, eso haremos."
Maru: "Ese problema no tiene solución. Pero yo voy a estar más tranquila. Hablé con el doctor, me dijo que su tratamiento termina en poco más de dos meses. Es sólo por los tres meses que Teresa se va aquedar con nosotros."
ToTTó: "Hablaré con Teresa."
Maru: "No es necesario. Ya hablamos, ella está de acuerdo. Me dijo que ella también se siente muy incómoda. Creo que es una buena solución."
========
Teresa y yo fuimos a vivir al departamento que dejó Seema.

Se preguntarán: ¿Por qué les cuento todo este barullo? ¿Que tiene que hacer esto mis relaciones amorosas?

Antonio de Pórcel Flores Jaimes Freyre

Les cuento esto para que se den cuenta como, las mujeres, cuando se sienten libres y pierden el miedo, solucionan sus problemas fácilmente, sin echarse la culpa una a la otra. Teresa creo un problema sin intención de hacerlo que afectó a las dos. Para solucionar la situación las dos se pusieron de acuerdo. Una tercera mujer facilito la solución.

Maru era muy buena amiga de Seema. Sabía cual era mi relación amorosa con ella. Seema sabía que Maru no estaba celosa. Aunque Teresa también lo sabía, no estaba acostumbrada a ese modo de vida. Le llamó la atención, que Maru fuera amiga de Seema y de mis otras amigas. Teresa estaba convencida y decía que Maru era una tonta porque me aguantaba. Sin embargo, ella si aguantaba, ocultando las infidelidades de su marido.

Como se acostumbra en Bolivia, Teresa comentó con sus amigas. Sin darse cuenta y sin intención, creó un problema. Viviendo separadas, se solucionó la situación. Pero no el problema, porque, durante un tiempo, siguieron las llamadas de teléfono y las cartitas de cortesía, que Maru tuvo que aguantar.

Fin de la Anécdota
> > > > > * * * * * < < < < <

Las Mujeres,

*cuando se sienten libres
y pierden el miedo,*

solucionan sus problemas

fácilmente,

sin echarse la culpa

una a la otra.

Antonio de Pórcel Flores Jaimes Freyre

*Estoy convencido
que para que a uno lo ayuden,*

uno tiene que ayudar primero.

Uno es feliz,

*cuando las personas
a quienes un ama,*

¡Son felices!

Anécdota 27 (V09-C65)
Frida - Nicole
(1970 y 1984)
La Verdadera Amistad
Monterrey - Carmel by The Sea - California

En 1984, Después de los Juegos Olímpicos, estaba visitando a mi amigo Bill y a Nicole, cuando un buen día volví a encontrarme con mi amiga Frida. {Volumen 4; Capítulo 36; Páginas 95-124}.

Nos vimos en un restaurante en Monterrey. Yo estaba con Nicole. Frida con sus amigas.

>>>>>

Copia de las páginas 119 y 127 del {Volumen 4; Capítulo 36}

De vuelta en su casa, Nicole me dio las llaves de la oficina y se fue a dormir la siesta, como era su costumbre. Me puse a revisar los documentos que Bill dejó. Algo fácil para mi. Me acordé del mensaje que todavía estaba en mi bolsillo. El mensaje decía lo que yo ya sospechaba. Su número de teléfono y un mensaje:

========

Frida: "Quiero verte y hablar contigo. Llámame, por favor."

========

La llamé:

========

Un Voz: "Hola. ¿Quien habla?"

ToTTó: "Hola Frida. Me es fácil reconocer tu dulce voz. ¿Cómo estás?"

Frida: "Ya empiezas dorando la píldora. Haz cambiado nada. Sigues siendo el gentil hombre que usa el lenguaje a su conveniencia. Me alegro que sea así."

ToTTó: "Y: ¿Mi pregunta?"

Frida: "Ya me viste. Estoy bien. He tenido muchos problemas. Me volví a casar. Mis hijos bien. Ya me conoces, pido mucho a la vida, no me da tanto."

ToTTó: "Te da mucho más que a otras personas. Eres muy ambiciosa."

Frida: "Eso si. Tienes razón. No me contento con poco. Eso tu lo sabes muy bien."

ToTTó: "¿De qué quieres hablar conmigo?"

Antonio de Pórcel Flores Jaimes Freyre

Frida: "¡Qué pregunta! De nosotros. ¿De quién va a ser?"
ToTTó: "Será una conversación muy corta."
Frida: "No te hagas ilusiones. No soy la misma que conociste. No puedo negar que te extraño y que he estado buscándote. Cuando te vi en el restaurante, no quise perder la oportunidad. Te mande el recado. No se como lo tomaría esa señora."
ToTTó: "Bien que lo hiciste. Un placer para mi volverte a ver. No creas que me he olvidado de ti. Dejas hondas huellas y lo sabes."
Frida: "¡Hay ayayay! Usas el lenguaje como te da la gana, me haces sonrojar. ¿Estás de paso? ¿Cuanto tiempo te quedas?"
ToTTó: "Si, estoy de paso, me quedo esta semana."
Frida: "Mi esposo viaja mañana. A él no le importa a quien vea. ¿Puedes venir a cenar a mi casa este jueves?"
ToTTó: "Será un placer. ¿A qué hora?"
Frida: "A las siete. Te mando el coche para que te recoja. Sé donde estás."
>>>>>>>> Fin de la copia <<<<<<<<
En 1970, cuando estaba en Stanford, conocí a Frida en una fiestita familiar, festejando el cumpleaños de Bill. Fuimos a la fistita con con Mary. Frida estaba casada con mi amigo Bill, no eran felices. Bill siempre ocupado con su disertación, enamorado de una de las estudiantes que no le hacía caso.

Frida era joven, una linda mujer. Alta, delgada cuerpo atlético. Amplios senos. Rubia de cabello corto, ojos verdes, cejas rubias, nariz respingada. Caderas regulares, piernas largas bien formadas.

Su madre era francesa y su padre Catalán. Hablaba castellano mesclado con catalán. Ama de casa, con un hijo de 2 años y una bebe de 10 meses. Bill estaba bien casado. La Familia de Frida tenía bastante dinero, de manera que Bill no necesitaba trabajar, se dedicaba sólo a estudiar.

Pronto Frida y Maru se hicieron amigas. De manera que en varias oportunidades, estábamos juntos. Yo ayudaba a Bill con su disertación de doctorado.

Colección de Anécdotas Amoroso Sexuales Anécdotas: 26 a 33

Algunos fines de semana, Bill y yo trabajábamos en Monterrey, en el centro de computación de la marina americana. Nos alojábamos en un hotel. Algunas veces Maru venía con nosotros, otras veces Ronda o Alice. Frida nunca venia. Cuando Maru no venía, se reunía con Frida y los chicos. Generalmente iban al Zoológico de San Francisco.

Un buen día Maru me dijo:
========
Maru: "¿Por qué no te haces mas amigo de Frida?"
ToTTó: "¿Cómo se te ocurrió esa pregunta?" ¿Que traes entre manos."
Maru: "Frida es mi amiga. Te necesita. No es feliz."
ToTTó: "¿Cómo sabes? ¿Te lo dijo ella?"
Maru: "No me lo dijo. Yo lo sé."
ToTTó: "¿Si no le lo dijo, eres adivina?"
Maru: "Mejor no empieces con tus juegos de palabras, ni con tus bromitas. Quiero ayudarla. El otro día estaba tomando el te en su casa. Soy curiosa. Mientras ella preparaba la mesa, fui al baño. Al pasar por el dormitorio, vi un libro en el suelo. Por comedida, lo alcé para ponerlo en la mesa de noche. ¿Sabes de que era ese libro?"
ToTTó: "Claro que se. Era " El Paraíso Perdido" de Milton.
Maru: "No seas tonto. Esto es serio."
ToTTó: "Me dijiste que ella no es feliz."
Maru: "Ya basta. No era ese libro. Er un libro sobre el suicidio. Me asusté. No sabia si preguntarle o quedarme callada."
ToTTó: "Quizás lo estaba leyendo Bill. Está muy preocupado por su disertación."
Maru: "Eres un payaso. Bill nunca va a leer esa clase de libros."
ToTTó: "Eso no lo sabemos. Puede que la muerte sea una distracción para él."
Maru: "Si sigues con tus sonseras. No hablo contigo. Estoy preocupada por Frida. Tienes que ayudarla. Le dije que la vas a ayudar y se puso a llorar."
ToTTó: " ¿Quieres que le preste un pañuelo?"
Maru: "No te hagas el sonso. Eso lo sabes muy bien. Me preguntó si somos felices. Le dije que si. Que somos libres, nos respetamos, no nos engañamos, decimos la vedad y nos queremos mucho."

Antonio de Pórcel Flores Jaimes Freyre

ToTTó: "Entonces ya me comprometiste."
Maru: "Si, no puedes librarte. Además se te ella te gusta."
ToTTó: "¿Cómo puedes saber eso, si yo no lo sé?"
Maru: "No lo sabes porque eres un despistado. Este fin de semana no vayas a Monterrey con Bill. Le dije que vamos ir a la playa, de camping, con los chicos. Se puso muy contenta."
ToTTó: "Hacemos lo que tu quieras."
Maru: "Le he contado como somos. Está curiosa. Ten cuidado, no la lastimes. Es mi amiga y necesita cambiar de actitud. La tenemos que ayudar."
ToTTó: "¿Que crees que pensará Bill?"
Maru: "Eso no me importa. No me parece que él es sincero. No creo que él la quiere. Me parece un matrimonio de conveniencia. Me dijo que ella estaba enamorada de Bill. Le creo porque Bill es muy buenmozo y astuto. Ella es muy sencilla e inocente. Pero ya va aprender. De eso me encargo yo."
========
Ese fin de semana fuimos de camping a la playa de nudistas. Maru y Alice en la camper con los chicos. Frida, yo la bebita en su auto. Durante el viaje Frida me dijo."
========
Frida: "Maru me dijo que es playa de nudistas. Es la primera vez que voy a una de esas playas."
ToTTó: "No tienes que estar desnuda, si no quieres, no es obligatorio."
Frida: "Veremos como me siento. ¿Te desnudas?"
ToTTó: "Si, pero con cuidado. El sol es fuerte, me quemo muy rápido. Tienes que tener cuidado."
Frida: "Estoy llevando bronceador y aceite para protección."
ToTTó: "Aún con eso, tienes que tener cuidado. Tu piel es muy blanca y es la primera vez. No te quedes mucho tiempo desnuda al sol. Tenemos sombrillas. También tenemos unas túnicas que te cubren todo el cuerpo, de esas que usan los hindús, son muy cómodas."
Frida: "Seguiré tu consejo. Si me desnudo, me cuido."
ToTTó: "Si necesitas algo, me avisas. Quiero que estés cómoda y que te diviertas. Para eso vamos."

Frida: "Mejor te lo digo ahora que estamos solos."
ToTTó: "Dime lo que quieras. Eres libre de hacer, decir, pensar lo que quieras, sin miedo."
Frida: "Ya lo sé, sólo contigo."
ToTTó: "Puedes ser libre con todos, no sólo conmigo."
Frida: "Eso tengo que aprender. No me es fácil."
ToTTó: "¿Qué es lo que quieres decirme?"
Frida: "¡Hay Dios! No se si me animo. Me da vergüenza."
ToTTó: "Por miedo y por vergüenzas no hacemos lo que queremos hacer. Te aconsejo que hagas un esfuerzo por perder el miedo."
Frida: "Tienes razón. Te lo digo y ya está. Esta noche duermes conmigo en mi casa. Maru y Alice se quedan con los chicos en tu casa. Ya está arreglado. ¿Quieres hacerlo?"
ToTTó: "Hacemos lo que tu quieras. Quiero que seas y te sientas feliz."
Frida: "Ya te lo dije. Por fin me animé. Ahora estoy más tranquila."
========
De pronto paró el auto. Me sorprendió.
========
ToTTó: "¿Algo anda mal con el auto? ¿Estás cansada de manejar?"
Frida: "Eres un despistado. Quiero que me des un beso."
ToTTó: "¿Uno sólo?"
Frida: "Los que quieras. No me hagas esperar mas. Hace tiempo que quiero que me beses. No me animaba a pedirte. No es mi costumbre."
ToTTó: "Hazme el favor de pedirme todo lo que quieras. Yo también hace tiempo que quiero besarte."
Frida: "¿Por que no me lo dijiste antes?"
ToTTó: "Nunca lo pido. Espero que seas tu quien lo quieras, porque respeto tu libertad."
Frida: "Quiero que seamos amigos, como eres amigo de Maru y de Alice. Quiero que hagamos el amor esta noche, como tu sabes hacerlo."
ToTTó: "Para que hagamos el amor, tenemos que estar enamorados."
Frida: "Todo eso ya lo sé. El orgasmo de Amor, el orgasmo simplemente sexual. Estoy enamorada de ti. Creo que tu estás enamorado de mi. Podemos hacer el amor. No tenemos que esperar."

Antonio de Pórcel Flores Jaimes Freyre

ToTTó: "Si, estoy enamorado de desde que te he conocido."
Frida: "Ves que no tenemos que esperar. ¡Qué lindo! Estoy feliz contigo. Ya somos amantes."
=========
Nos besamos muchas veces. ¡Qué mujer maravillosa!"

Llegamos a la playa un poco atrasados. Todo ya estaba preparado. La parrilla lista, las sillas, las toallas, la carpita. Maru con los chicos, Alice nadando como era su costumbre.
Sin decir palabra. Frida se desnudo. Parada frente a mi, me dijo:
========
Frida: "¿Te gusto?"
ToTTó: "Eres un bella mujer. Me gustas mucho."
Frida: "Gracias."
========
Corriendo fue a saludar a Maru.
========
Maru me gritó:
========
Maru: "¿Qué haces ahí parado? Frida se va a quemar, tienes que ponerle el bronceador."
ToTTó: "Será un placer."
Maru: "Qué placer ni qué placer. Sabes bien que este sol quema muy rápido. No te acuerdas que la primera vez que vinimos yo estaba roja como un camarón. No pude dormir dos días."
ToTTó: "Si me acuerdo. Por eso ahora te cuidas mucho."
Maru: "El dolor enseña."
ToTTó: "En seguida voy."
========
Siempre me sorprende, ver como dos buenas amigas se cuidan una a la otra. Cuando la mujer se siente libre, no hay celos ni envidia. Esa es la verdadera amistad que busca la felicidad del amigo, de la amiga. Creo que no hay mucha diferencia entre el verdadero amor y la verdadera amistad.

Pasamos un día maravilloso, mucho mejor que ir a trabajar a Monterrey. Me di cuenta de lo que me estaba perdiendo. Esa noche fue la primera vez que hice el amor con Frida, pero no la última.

46

Colección de Anécdotas Amoroso Sexuales Anécdotas: 26 a 33

De vuelta a 1984.

Le dije a Nicole que estaba invitado a la casa de Frida.
========
ToTTó: "Como te dije hace unos días, hoy estoy invitado a la casa de Frida."
Nicole: "Ya lo sé. No puedes ir en esa tu furgoneta vieja. Si quieres usas uno de los autos o yo te llevo."
ToTTó: "No creo que es oportuno, ni necesario que me lleves o que use uno de tus autos. Van a venir a recogerme.
Nicole: "Debía suponerlo. La reina se da su lujos. El marido tiene mucho dinero. Es un abogado famoso, enemigo de Bill."
ToTTó: "Lo que me faltaba."
Nicole: "¿Por qué dices eso?"
ToTTó: "Por nada, No es importante."
Nicole: "Si es importante para mi. Me dijiste que no tenemos secretos, que me respetas por que soy mujer."
ToTTó: "Es verdad. No tengo secretos. Te dije que no es importante, porque estamos hablando de otra persona que no está presente."
Nicole: "Tienes razón. Perdóname. No debería hablar así de ella. Tengo que aprender de ti. Es tan común hacer eso, es casi automático.
ToTTó: "No tengo algo que perdonarte. Por favor, nunca me pidas perdón. Me lo prometes."
Nicole: "Te lo prometo si me besas antes que te recojan. Te voy a extrañar esta noche. Se que no vas a volver. Pero no te quedes con ella y te olvides de mi."
ToTTó: "Nunca me olvidaré de ti. Te quiero mucho."
Nicole: "¡Que tonta soy! Estaba un poco celosa. Quiero conocerla y que seamos amigas, aunque Bill se enoje conmigo."
ToTTó: "¿Quieres que le diga eso?"
Nicole: "No sé. Mejor no le digas. La invitas a ir con nosotros a Esalen el sábado. Bill está en Sacramento. No sé cuando vuelve. Quiero volver a ir a Esalen."
ToTTó: "La voy a invitar."
Nicole: "Eso está mejor. Creo que te ha estado buscando hace tiempo. No creo que sea feliz."
ToTTó: "¿Por qué crees que me estaba buscando?"

Antonio de Pórcel Flores Jaimes Freyre

Nicole: "Porque en cuanto te vio, te mando un mensaje. Ella quiere estar contigo."
ToTTó: "Adivinaste bien. Eso me dijo."
Nicole: "Increíble. Vamos a un restaurant y hay un mujer que te conoce y quiere estar contigo. Mi sobrina, ni te conoce bien, quiere ir contigo. Vienes a visitar a tu amigo Bill y ahora yo quiero estar contigo."
ToTTó: "Debe ser nuestro destino. Yo quiero estar contigo."
Nicole: "Ya van a venir a recogerte y no me haz besado todavía."
========
Nos besamos. El mozo vino a decirme que me estaban esperando. Nicole me acompaño a la puerta y me dio un beso de despedida.

Frida 1984
Frida me estaba esperando con una magnífica cena. Muy elegante, se veía preciosa. Había ganado algunas libras. Ya no era la joven, un poco tímida que conocí.

Baje del mercedes. Me abrazó y me besó. Besé delicadamente sus ojos, para secar su lágrimas. Entramos en la casa agarrados de la mano, directamente al comedor. Después de la cena, me llevó a la sala. Nos sentamos juntos, en un sillón muy cómodo. Nos besamos varias veces. Luego, conversando, Frida me dijo:
========
Frida: "Gracias por venir. Estoy feliz de verte. Eran lágrimas de alegría. He notado que esa señora te quiere. Es obvio. ¿Cómo la dejaste, se puso triste? Sé que le haz dicho que venías a verme. Te conozco."
ToTTó: "Me dio un beso de despedida. Me pidió que te invite a ir con nosotros este sábado a Esalen. ¿Quieres ir?"
Frida: "¡Hay Dios! Si quiero ir con ustedes. Pero se va armar una que no tienes idea."
ToTTó: "¿Por qué dices eso?"
Frida: "Mi Marido odia a Bill y él le corresponde. Eran amigos. Tuvieron serios problemas. Me divorcie. Estaba sola con mis hijos. Bastante compungida, bajoneada. Entonces me pidió me case con él. Esa fue la gota de agua que rompió la piedra. Bill no se lo perdonará nunca. Todos estos estúpidos líos por la política."

Colección de Anécdotas Amoroso Sexuales Anécdotas: 26 a 33

ToTTó: "¿Por que dices que fueron líos por la política?"
Frida: "Ambos querían ser Alcaldes. Ninguno pudo serlo".
ToTTó: "¿Crees que si no hubieran peleado, uno de ellos lo hubiera conseguido?
Frida: "Claro que si. Uno hubiera sido primero y después el otro. No han sido muy vivos. Era cuestión de esperar su turno."
ToTTó: "¿Estás segura que quieres ir el sábado?"
Frida: "Estoy segura. Te acuerdas que me enseñaste que soy libre contigo. No voy a seguir haciendo lo que no quiero para complacerlos. Tengo todo, menos mi libertad. Mi marido dice que no le importa lo que haga, pero no es cierto. No creo que este matrimonio dure mucho tiempo. No estoy ni soy feliz."
ToTTó: "Si haz decidido que quieres ir con Nicole y conmigo, llámala ahora por teléfono y le agradeces la invitación. ¿Qué te parece?"
Frida: "Sigues siendo un loco. Me gusta la idea. Ahora mismo la llamo. No tengo algo en contra de ella."
========
No me sorprendió su respuesta. Oí la parte de Frida en la conversación. Esto es lo que recuerdo."
>>>>>>>
Frida: "Disculpe Señora que la llame a esa hora. Soy Frida. ToTTó me dijo que usted me ha invitado a ir con ustedes a Esalen. Quiero darle las gracias."
Frida: "Me alegra que no le sorprenda. Si él es así."
Frida: "Nos conocemos desde hace mucho tiempo."
Frida: "Si. Tiene usted razón, no debo tratarla de usted. Yo también quiero ser tu amiga."
Frida: "Entonces nos vemos el sábado."
Frida: "¿Cómo dice? Me encantaría. El viernes en el mismo restaurant, almorzamos las dos solas. Gracias."
Frida: "A las once y media está bien. Buenas noches."
Frida: "Se lo daré en su nombre."
========
Frida colgó el teléfono y me beso y me dijo:
========
Frida: "Ella me pidió que te de un beso en su nombre. El viernes almuerzo con ella, las dos solas. El sábado vamos a Esalen. Me dijo que vas a darnos un masaje. Es me gusta."

49

Antonio de Pórcel Flores Jaimes Freyre

ToTTó: "Ustedes no pierden el tiempo. Me alegra que sean amigas."
Frida: "Pensé que ella se pondría celosa. Me dijo que no tiene celos. Que en poco tiempo ha llegado a conocerte. Debe ser muy inteligente. Por la forma de hablar sé que es un dama. Tienes muy buena suerte."
ToTTó: "Eso es porque te quiero mucho y estoy feliz contigo."
Frida: Vamos al dormitorio. Me muestras que tan feliz estás."
========
En Esalen
Ese sábado en el mercedes de Frida, fuimos los tres a Esalen. Nicole consiguió el permiso para pasar el día. Fue un día simplemente maravilloso. Dos mujeres que días antes estaban distanciadas, sin ser culpa de ellas, de pronto están de buenas amigas, como si el pasado ya no les importara. No deja de admirarme como cambian las actitudes y la conducta de la mujer, cuando se siente libre de las ataduras que le impone la sociedad.

Sentado en el borde de la piscina me solazaba viendo como ellas jugaban como dos quince añeras, sin importarles, el mundo que las rodeaba.
Después de un momento, se sentaron, yo al medio de las dos. Frida me dijo:
========
Frida: "¿Te acuerdas de la primera vez que fuimos a la playa con Maru y los chicos y me cuidaste con todo cariño?
Nicole: "¿Cuándo y cómo fue eso?"
Frida: "Hace muchos años. Fue la primera ves que, sin miedo ni vergüenza estaba desnuda en la playa. Maru, preocupada por el sol para que yo no me queme. ToTTó me puso el bronceador, fue la primera vez que él me dio un lindo masaje y me engrió todo el tiempo. Esa noche dormimos juntos, abrazados, no hicimos el amor."
Nicole: "Que lindo lo me que cuentas. ¿Quién es Maru?"
Frida: "¿No sabes quién es? Era esposa de ToTTó. Una mujer estupenda, mi mejor amiga. Ella fue quien me enseño como es ToTTó. Yo tenía mucho miedo. Fueron días muy felices, inolvidables."

Nicole: "¿Dónde está ella ahora?"
ToTTó: "Maru se divorció de mi hace muchos años. Se volvió a casar. {Volumen 3; Capítulo 23; Páginas 32-44} Vivió en Bolivia varios años. Ahora viven el a Redwood City. Seguimos siendo muy amigos."
Frida: "Supe que se volvió a casar y vivía en Bolivia. Me gustaría volver a verla."
Nicole: "La llamas por teléfono, como me llamaste."
Frida: "Eso voy a hacer."

Los Masajes

Después de gozar de un ligero almuerzo vegetariano. Fuimos a los baños termales donde estaban las mesas de masajes. {Volumen 4; Capítulo 37; Páginas 81-120} Frida estaba encantada. Nicole se hecho en una mesa y me dijo:
========
Nicole: "Primero me das uno de tus masajes y luego le das uno a Frida."
Frida: "Eso me gusta. Quiero ver como lo hace ToTTó. Hace años me dio varios masajes, pero entonces no era profesional. Estoy curiosa. No te molesta que mire. ¿Verdad?"
Nicole: "Claro que no me molesta, pero no te sorprendas si me excito sexualmente, puede suceder otras cosas."
Frida: "Será mejor así. ¿Que opinas ToTTó?"
ToTTó: "Ustedes deciden lo que y como quieran, son libres, ya lo saben."
Nicole: "Ja. Ja. Ja. Eres un payaso. Somos libres en tus manos. Ja. Ja. Ja."
Frida: "Eres nuestro, no te puedes quejar. Ja. Ja. ja." *¿Qué pasó con Nicole y Frida esos días? Es otra anécdota digna de otro capítulo.).*

Fin de la Anécdota
> > > > > > * * * * * * < < < < < <

Antonio de Pórcel Flores Jaimes Freyre

Dos mujeres

que días antes estaban distanciadas,
sin ser culpa de ellas, de pronto están
de buenas amigas,

como si el pasado
ya no les importara.

No deja de admirarme

como cambian las actitudes
y la conducta de la mujer,

cuando se siente libre
de las ataduras que le impone

la sociedad.

Colección de Anécdotas Amoroso Sexuales Anécdotas: 26 a 33

Anécdota 28 (V09-C66)
Cristina - Ronda - Agusta - Rebeca - María José
(1974)
Profesor en Santiago de Compostela

>>>>>>>>>>

Copia del texto: {AutoBiografía de un Bohemio Despistado; Volumen 3; Capítulo 23; Pagina 31}
En enero de 1974, me dieron la beca especial de 'Senior Fulbright Scholar, para ir a enseñar Psicología Educativa, a un grupo selecto de profesores, en España. Tenía que viajar a España en Enero. *(Está es otra anécdota digna de otro capítulo).*

<<<<<<<<

En el verano de 1972 Maru y mi hijo Nicolás, viajaron a Bolivia. Mi hija Cecilia se quedó conmigo. Le prometí que los dos viajaríamos en el próximo viaje que yo haga, donde fuera. {AutoBiografía de un Bohemio Despistado; Volumen 09 ; Capítulo 62; Paginas 65-86 }

En 1974, como le había prometido, compré dos pasajes para viajar a España: uno para Cecilia y otro para Ronda. Los pasajes eran: San Francisco, Nueva York, Madrid, Santiago de Compostela. Mi itinerario de viaje era diferente, al de ellas. Yo debía viajar unos días antes, a Washington DC, antes de partir a Madrid. Las iba a esperar en Santiago de Compostela. Cecilia quería viajar conmigo, pero Maru se opuso, Cecilia no viajó.

Tenía que devolver un pasaje. Lilian mi sobrina que ese entonces vivía con nosotros, me dijo que ella quería viajar a España, si es que se ponía cambiar el pasaje a su nombre, lo cual fue fácil hacerlo. Así fue que Ronda y Lilian viajaron a España.

Cristina
En 1959, conocí a Cristina. Maru y Cristina eran íntimas amigas desde que eran jovencitas. Maru la invitó a nuestro matrimonio. Cristina estaba casada. Cristina era una de las secretarias, en el Consulado Americano.

Cuando se divorció, emigró con sus hijos a USA. En 1972, Cristina vivía en Washington. Trabajaba de secretaria en la Organización de Estados Americanos (OEA).

Antonio de Pórcel Flores Jaimes Freyre

En 1972 y 1973, yo viajaba a Washington a menudo, asistiendo a conferencias del programa 'Urban-Rural", organizados por Stanford. En vez de pagar un hotel, para ayudarla económicamente, me alojaba en el departamento de Cristina. Nos hicimos amigos.

El 1974, cuando llegue a Washington, de paso a España, Cristina me estaba esperando en el aeropuerto. Nos besamos.
========
Cristina: "Eres un despistado. En tu telegrama no me decías en que vuelo llegabas. Llamé a Maru para preguntarle. Ella no lo sabía, pero me dijo que llame a Ronda. Le pregunté: ¿Quién es Ronda? Maru, riéndose, me dijo que te pregunte. Me dio el número de teléfono de Ronda. Hable a con Ronda. Le dije que tenía que recogerte y no sabía en que vuelo llegabas. Muy amable, me dio toda la información, me dio las gracias y me dijo que ella ya sabía que yo iba a recogerte. Me sorprendió. ¿Quién es Ronda? ¿Por qué ella tiene toda la información?¿Cómo es que ella ya sabía de mi?"
ToTTó: "Tu tranquila, no es un misterio."
Cristina: "No empieces con tus palabritas suaves. ¿Quiero saber quién es ella? ¿Por qué ella ya sabía que yo te iba a recoger?"
ToTTó: "Ronda tiene la información porque está viajando conmigo a España. Su itinerario es diferente, viaja por Nueva York."
Cristina: "Se qué Maru vive en La Paz ya no vive contigo. ¿Ronda tiene que ver algo en eso?"
ToTTó: "Ja. Ja. Ja. No. Maru y Ronda son muy buenas amigas. Maru vive en La Paz porque ella quería volver a vivir en Bolivia."
Cristina: "¿Sabes por qué Maru no quiso que Cecilia viajé?"
ToTTó: "No le he preguntado. Debe ser algo relacionado con su familia."
Cristina: "Quizás tengas razón, esa familia no te quiere. Si ellas son amigas, no me sorprende que Ronda viaje contigo y Maru se quede tan tranquila. Te conozco de sobra. Es mejor así. Pensé que había un problema con Ronda y Maru. Me alegro que todo este bien con ustedes. Ya sabes que quiero mucho a Maru. Somos amigas."
ToTTó: "Se hace lo que se puede."
Cristina: "Viajas mañana. ¿Te puedes quedar unos días?"
ToTTó: "Esta vez no me es posible. Pero cuando vuela, me quedo contigo unos días. Te lo prometo."

Cristina: "Tengo que esperar entonces. Vamos a casa. He preparado la comida boliviana que te gusta."
ToTTó: "Gracias. Debe estar deliciosa. Eres muy buena cocinera."
Cristina: "Lomo montado, receta de mi mamá."
ToTTó: "Me estás haciendo antojar."
Cristiana: "Soy yo la que está antojada. Sólo te quedas una noche. Pero será increíble, la recordarás para siempre."
ToTTó: "Las recuerdo a todas. Especialmente la primera."
Cristina: "Yo también. Esa fue de película. Me pescaste desprevenida. Recién divorciada, no estaba feliz. Maru me dijo que tu estabas enamorado de mi. Yo también estaba enamorada de ti. Maru hizo todos los preparativos para esa noche. ¿Te acuerdas?"
ToTTó: "Me acuerdo que tu tenías mucho miedo. "
Cristina: "¡Qué querías! Era la primera vez que estaba contigo, con la fama que tenías. Estaba temblando de miedo. ¡Qué tonta era! Tu fuiste el segundo. Era virgen cuando me casé. "
ToTTó: "Me hiciste muy feliz."
Cristina: "Tu también. ¡Qué lástima que viajes mañana!"
ToTTó: "Ya sabes que el tiempo vuela"
Cristina: "Tu también vuelas. Pero esta noche volarás conmigo. Esta noche eres mío. Ya lo sentirás." *¿Qué pasó con Cristina cuando volví? Es otra anécdota digna de otro capítulo.).*
========

Al día siguiente, mi vuelo de Washington a Madrid, salía a la una de la tarde, de manera que teníamos casi toda la mañana para estar juntos. Antes de ir al aeropuerto, hicimos el amor una vez más. Casi pierdo el vuelo. Llegamos a tiempo al aeropuerto. Fue una despedida a la rápida, un beso y unas lágrimas.

En Madrid y Viaje a Santiago de Compostela

Tenía que estar en la Universidad de Santiago de Compostela un Lunes a las 9 de la mañana. Llegué a Madrid cinco días antes. Mi plan era comprar una furgoneta en Madrid y viajar por carretera a Santiago. ¡Que poco sabía yo de lo que me esperaba! La carretera estaba en construcción. Yo no lo sabía. Me tomó dos días el famoso viajecito.

Antonio de Pórcel Flores Jaimes Freyre

Lo primero que hice en Madrid, fue ir al Colegio Guadalupe. La residencia universitaria donde viví cuatro años. {*AutoBiografia de un Bohemio Despistado: Volumen 2; Capítulo 17; Páginas 76 -108.*}

Me acordé que los becarios del Colegio Guadalupe solían poner avisos de venta de autos usados, en el boletín de anuncios, antes de volver a sus países.

Acerté. Había un aviso de venta de una camper Volkswagen usada, muy parecida a la que Maru y yo teníamos en Stanford, en 1969.
>>>>>>
Copia de AutoBiografia de un Bohemio Despistado: Volumen 8, Capítulo 60, Página 125
Menlo Park estaba bastante cerca de Stanford, pero lejos de San Francisco. Maru tenía que ir y venir todos los días a San Francisco. Emilio nos garantizó y compramos al crédito, una vagoneta Volkswagen camper, muy cómoda, con el techo plegable, cuatro camas, etc. etc. Usamos esa vagoneta durante todos esos años para acampar en las playas. En Febrero del 1969 nos cambiamos a un departamento de tres dormitorios en Stanford.
<<<<<<<<
Hablé con la persona que puso anuncio y compré camper. La llevé a un mecánico, para que la ponga en forma. El mecánico me dijo que la camper estaba en buenas condiciones, que no tendría problemas, aunque el viaje de Madrid a Santiago era largo. Pero no me dijo que la carretera estaba en construcción. Probablemente él no lo sabía.
No les cuento todos los detalles de este largo viaje. Sólo la última etapa que creo es de interés.

Eran las 5 de la mañana del lunes. A las 9 debía presentarme en la Universidad, en Santiago de Compostela. Bajando de la montaña, llegué a un rio, no muy caudaloso. El puente estaba en construcción. En la otra orilla había una casa, al frente de ella un estación de gasolina. Mi suerte. Pase el rio manejando sin problemas. Paré en la gasolinera, que, a esa hora, estaba cerrada. Necesitaba gasolina para llegar a Santiago. Toqué la puerta de la casa varias veces, hasta que salió un señor en pijamas gritando en Gallego:

Colección de Anécdotas Amoroso Sexuales Anécdotas: 26 a 33

========
El Señor: "¿Quien es el loco que golpea la puerta con tanta insistencia a estas horas? (¿Quen é o tolo que chama á porta con tanta insistencia a estas horas?) "
ToTTó: "Perdone usted señor. Tengo que llegar a la Universidad de Santiago antes de la 9 de la mañana. Necesito gasolina. Ayúdeme por favor. Le pago lo que usted quiera, es urgente."
El Señor: "Vaya hombre. ¡Qué ocurrencia! ¿De dónde viene?"
ToTTó: "De Madrid."
El Señor: "Usted ha manejado ese cacharro, desde Madrid, en la carretera que está en construcción?"
ToTTó: "Si señor. No sabía que estaba en construcción. ¿Cuánto me falta para llegar a Santiago?"
El Señor: "El camino de aquí a Santiago esta bien. En menos de una hora llegará a Santiago. Espere un momento."
========
Al poco rato salió mejor vestido. Llenó el tanque de gasolina.
========
El Señor: "Son 60 pesetas, pero por ser esta hora, me paga 80 pesetas. ¿De acuerdo?"
========
No tenía suficiente pesetas. Sin decir palabra le di un billete de 20 Dólares. Lo miró por todos lados y me lo devolvió diciendo:
========
El Señor: "¿Qué clase de billete es este? Solo aceptamos pesetas."
ToTTó: "Son dólares americanos que valen 120 pesetas. Usted se queda con ese billete y sale ganando."
El Señor: "Ja. Ja. Ja. Sólo quiero el precio justo."
ToTTó: "Disculpe, me llamo Antonio. No tengo pesetas. Soy un profesor americano. Tengo que llegar a la universidad."
El Señor: "¡Vaya, qué cuento! Mi nombre es Joao. Tome, guarde su billete. Esta bien vaya con Dios."
ToTTó: "Gracias Don Joao. En cuanto pueda, vuelvo con el dinero. Esté seguro. Me da su número de teléfono, para que le avise cuando vengo."
Antonio: "No es necesario. Me basta su palabra. Lo esperaré."
========

Antonio de Pórcel Flores Jaimes Freyre

Llegué a Santiago a las seis y media de la mañana. Fui directamente a un hotel, cerca de la universidad. Me duché, cambie de ropa. Tenía hambre, pero no tiempo, de manera que fui directamente a la Universidad.

El salón de recepción parecía una fiesta. Mucha gente. La mayoría eran maestros, especialmente escogidos, como los mejores profesores, de escuelas de todo el país. Me acerqué a la mesa de recepción. Una linda muchacha joven me miró, un poco sorprendida. Sonriendo me pidió mi invitación.
========
Ella: "Buenos días señor. ¿Me da su invitación, por favor?"
========
Me sorprendió un poco. No tenía a mano la invitación. Sin decir palabra, le alcancé mi pasaporte americano.

Me miro sorprendida. Sin decir algo. Se paró y se fue a prisa, con mi pasaporte. Esperé parado frente a su escritorio. Al poco rato, volvió con una señora. La señora, muy amable me dio la bienvenida en perfecto inglés:
========
La Señora: "Doctor Antonio. Bienvenido. Me llamo María José. Soy Directora del programa. Lo estábamos esperando. Sabíamos de su vuelo a Madrid. No nos avisaron que llegaba hoy día, para que lo esperemos en el aeropuerto. ¿Cuándo Llegó?"
========
Le contesté en castellano. La muchacha me miró sorprendida.
========
ToTTó: "Llegué hoy en la madrugada. Mi furgoneta está estacionada en la calle. No sé si es buen lugar."
María José: "¿Habla castellano? Usted es americano, de Stanford en California. ¿Verdad?"
========
Sin entender el porqué de su comentario, contesté sonriendo:
========
ToTTó: "¿Por qué se sorprende? Soy Boliviano."
María José: "Tiene usted razón, no debía sorprenderme. Pero los dos Doctores americanos no hablan castellano."

58

Colección de Anécdotas Amoroso Sexuales Anécdotas: 26 a 33

ToTTó: "¡Ahora el sorprendido soy yo! "
María José: "Dijo algo acerca de su coche estacionado. No hay problema. Lo vendrán a recoger de la agencia que lo alquiló."
ToTTó: "La furgoneta es mía."
María José: "¿Qué dice? ¿Cómo llegó usted aquí?"
ToTTó: "Manejando desde Madrid."
María José: "No lo puedo creer. La carretera está en construcción."
ToTTó: "Eso lo sé, mejor que usted."
María José: "Me dijo que llegó está mañana. ¿Manejó toda la noche? No durmió. Debe estar cansado"
ToTTó: "Estoy bien. No tuve tiempo de tomar desayuno."
María José: "Ahora mismo lo llevo al comedor. ¡Que barbaridad! Venga, vamos."
ToTTó: "Un momento, por favor. Quisiera que la señorita nos acompañe, si ella quiere y es posible. Quiero agradecerle la ayuda con mi pasaporte."
========
Me miraron sorprendidas, sin saber que hacer. Sonriendo dije:
========
ToTTó: "Me perdonan, por favor, si he dicho algo malo. No es mi intención ofenderlas."
========
Las dos se volvieron a mirar, por un corto momento.
========
María José: "No diga eso. Nos sorprendió. Eso es todo. Rebeca puede acompañarnos si usted lo desea. No hay problema."
ToTTó: "¿Que dice usted Rebeca?"
========
La muchacha toda avergonzada asintió con la cabeza:
========
Rebeca: "Gracias Doctor. Me siento halagada y sorprendida."
ToTTó: "¿Puedo pedirles un favor personal?"
María José: "¿Un favor personal? No lo entiendo."
ToTTó: "No me llamen 'Doctor'. Debe haber muchos doctores acá. Si me llaman ToTTó, me sentiré más cómodo."
María José: "Está bien, si así usted lo prefiere."
Rebeca: "Perdón, no me parece bien. ¿Qué dirán los demás?"
ToTTó: "No importa lo que digan. No me voy a derretir, ni ustedes tampoco."

Antonio de Pórcel Flores Jaimes Freyre

Rebeca: "Ja. Ja. Ja. No he oído eso antes. Ja. ja. Ja."
María José: "¡Qué ocurrencia! Le gusta hacer bromas. Usted no parece una persona seria. Viene desde Madrid manejando toda la noche. No duerme, tiene hambre. Es americano, habla castellano mejor que yo. No le gusta que lo llamen 'Doctor'. Le gusta tomar desayuno bien acompañado. Basta de esta cháchara. Vamos."
========
Fuimos al comedor.

Sentados a una mesa, muy contentos. Se acercó el Mozo:
========
ToTTó: "Buenos días. Para mi uno solo. Si tienen tapas, para mi una tortilla de patatas, un plato de frutillas con nata."
========
Las dos se volvieron a mirar por tercera vez. El mozo me miró, sorprendido.
========
El Mozo: "Si señor, tenemos tapas. Pero no sé si tenemos las frutillas y la nata. Déjeme preguntar. ¿Qué traigo ara la Doctora y la señorita Rebeca?"
María José: "Un café con leche."
Rebeca: "Lo mismo que para el Doctor. Gracias."
========
Se retiró el mozo. María José me preguntó:
========
María José: "¿Has estado en España antes? Conoces muchas cosas típicas."
ToTTó: "Hace años, estudié en Madrid, en la Complutense. Vivía en el Guadalupe."
========
Esta vez, sin disimular, sospechosas.
========
Rebeca: "¡En el Colegio Mayor Guadalupe! Ese es un colegio famoso. Ahora entiendo un poco más como eres."
María José: "Entonces conoces las costumbres españolas. Creo que nos puedes ayudar bastante."
ToTTó: "Tengo todo preparado para mis dos clases."
María José: "No se trata de eso. Tenemos un problema serio."

Colección de Anécdotas Amoroso Sexuales Anécdotas: 26 a 33

ToTTó: "¿Cuál es el problema? ¿Por qué dices que es 'serio'? No conozco problemas sonrientes."
Rebeca: "¡Qué chistoso! Ja. Ja. Ja. 'Problemas que sonríen'. Ja. Ja. Ja. Tienes gracia."
María José: "Usted no debe reírse. El problema es muy serio."
Rebeca: "Perdón. No pude contenerme."
ToTTó: "Si me permiten decir algo que, para mi, es más importante que todos los problemas que tengamos."
María José: "Claro, di lo que tienes en mente."
Rebeca: "Ahora qué cosas oiremos."
ToTTó: "Quiero que sepan que respeto a la mujer por ser mujer. Respeto su libertad. Mi mamá me lo ha enseñado desde que era un niño. Ustedes y cualquier mujer, pueden hacer, decir, pensar, todo lo que quieran, cuando están conmigo. Por favor, quiero que se sientan libres, no es necesario que guarden las apariencias. La sinceridad es lo más importante para mi. Lo pido como un favor especial. Quiero que seamos amigos. "
María José: "¿Qué es lo que dices? ¿Respetas a la mujer porque es mujer? ¿Quieres que seamos libres contigo?"
ToTTó: "Si eso mismo. Si existen problemas, pueden decirme, simplemente como puedo ayudar. La verdad es el mejor camino. Pueden confiar en mi. Si quieren algo, sólo tienen que pedirlo. Respeto sus sentimientos, sus deseos, su manera y forma de ser."
María José: "¡Qué declaración la tuya! La tomaré en cuenta."
Rebeca: "Puedo decir y hacer lo que quiero. Eso me gusta mucho."
========
El mozo trajo, todo lo que pedimos. Las dos americanas, que estaban sentadas cerca de nosotros, vieron los platos con frutillas. Un se ellas se acercó y preguntó que era eso. Le contesté en ingles:
========
ToTTó: "Es un postre especial de frutillas y natas. (It is a special dessert of strawberries with cream) Puedo ordenarlo para ustedes.
La Americana: (En inglés) "Queremos probarlo. Por favor puede ordenarlos. Gracias."
========
La gringa volvió a su mesa muy contenta. Ordené dos platos de frutillas con natas para ellas. Fue mi primer encuentro con ellas. Seguí conversando con María José y Rebeca:
========

Antonio de Pórcel Flores Jaimes Freyre

ToTTó: "¿Cuál es el problema serio?"
María José: "Ninguno de los dos profesores americanos habla castellano. No sé que vamos a hacer. Es culpa nuestra. En la solicitud, no especificamos que los Doctores debían hablar Castellano. Suponíamos que eso era obvio, si venían enseñar en España."
ToTTó: "Hacemos esos errores cuando confiamos en nuestras suposiciones. No es un problema muy serio. No te preocupes. Lo vamos a solucionar. ¿De dónde son esos profesores?"
María José: "De una de las famosas universidades en Chicago."
ToTTó: "¡Humm! Deben ser buenos en sus materias. Es probable que, si son famosos, no sepan enseñar. Quizás es mejor que no hablen castellano."
Rebeca: "Ja. Ja. Ja. Sigues con tus bromas. Profesores americanos que no saben enseñar. ¡A quién se le ocurre decir eso! Sólo a ti. Pareces un payaso. Nos haz dicho que somos libres y podemos decir lo que queramos. No te enojes conmigo."
ToTTó: "Claro que si. Puedes decir y hacer lo que quieras."
María José: "¿Por qué dices que probablemente no sepan enseñar?"
ToTTó: "En américa, un profesor famoso, tiene que hacer investigación y escribir unos tres libros. No se necesita saber enseñar."
María José: "No sabía eso." ¿Qué vamos a hacer? Cada uno tiene que enseñar una clase. Tienen sus clases preparadas en inglés, pero no tenemos los recursos para hacer las traducciones."
ToTTó: "No te preocupes mujer. Ya veremos como lo hacemos. Yo me ocupo de esto. Tu tranquila. Ya hablaremos de esto."
María José: "Sabes que las clases empiezan este miércoles."
ToTTó: "Para solucionar este problema necesito una buena secretaria. Quiero que Rebeca sea mi secretaria personal. Esto si ella quiere serlo. ¿Qué te parece?"
María José: "Pide todo lo que necesites para solucionar este problema. Si Rebeca quiere, no hay problema."
ToTTó: "¿Quieres ser mi secretaria personal? Si tienes que pensarlo, esperamos."
Rebeca: "Ja. Ja. Ja. ¡Pensarlo! No tengo que pensarlo. Quiero ser tu secretaria. Soy una buena secretaría. Voy a aprender mucho contigo. Eres diferente. ¿Cuándo empezamos?"
ToTTó: "Ya empezamos hace unas horas, cuando me miraste un poco asustada y corriste con mi pasaporte. Ja. Ja. Ja."

Rebeca: "No te rías. Ya lo tenías preparado, sin conocerme."
ToTTó: "La primera impresión es la que vale."
Rebeca: "No digas eso. Si supieras cuál fue mi primera impresión cuando te vi. Hay Dios mío. ¡Con quien me estoy metiendo!"
María José: "Ustedes dos. Parece que se conocieran desde hace mucho tiempo. El uno para la otra. Con tal que solucionen este problema, pueden hacer lo que quieran."
Rebeca: "Doctora. ¿De verdad puedo ser su secretaria?"
María José: "Si quieres, puedes. Como él dijo. Cuando estemos solas, no me llames Doctora. Somos amigas."
Rebeca: "¡Qué feliz estoy! Gracias por decirme que somos amigas. Te admiro desde hace tiempo. Eres el ejemplo de mujer que yo quiero llegar a ser. Gracias."
========
Las dos se miraron sonriendo, como si recién se hubieran conocido. No sé que relación tenían antes, pero eso ya no importaba.

La ceremonia de apertura iba a empezar en dos horas. Pregunté a María José:
========
ToTTó: "¿Tienes el programa para la ceremonia?"
Rebeca: "Esperen. Lo traigo en seguida."
========
Rebeca fue a buscar el programa. María José preguntó:
========
María José: "¿Recibiste el programa?"
ToTTó: "Si recibí toda la información. He olvidado mi maletín en la furgoneta. Espero que este estacionada sin problema."
María José: "No te preocupes por eso."
========
Rebeca volvió con el programa y me lo dio. Lo leí y pregunté:
========
ToTTó: "¿Cómo es el salón de apertura? ¿Es un auditorio?"
María José: "La presentación oficial es en el teatro. Los profesores españoles, en la platea. Los directores y personalidades en el escenario. ¿Por qué preguntas?"
Rebeca: "Creo que él quiere saber todo de antemano. Ja. Ja. Ja."

Antonio de Pórcel Flores Jaimes Freyre

ToTTó: "Me imagino que los personajes estarán sentados detrás de una mesa. Habrá un atrio, para que los importantes den su perorata, un discurso aburridor, que los americanos no van a entender y que a los profesores españoles, probablemente no les interesa."
Rebeca: "Qué linda descripción. Así será."
María José: "Rebeca. Compórtate. No le des alas, que va volar."
ToTTó: "¿Puedo pedir un favor?"
Rebeca: "Eso si quiero oír. Qué favorcito será."
María José: "Te dije que te comportes."
ToTTó: "Déjala en Paz. Puede hacer lo que quiere. Tu también puedes hacer lo que quieres."
María José: "Es fácil para ti decirlo. No es fácil romper las cadenas. Estamos acostumbradas a seguir y guardar las apariencias. ¿Cuál es ese favorcito?"
ToTTó: "Si se puede, no me hagas sentar con los importantes. Me siento en la primera fila de la platea, con Rebeca y los profesores españoles. Cuando me toque hablar. Subo al escenario y listo."
María José: "Estás loco. No puedo hacer eso."
ToTTó: "Claro que puedes. No me conocen. No saben quien soy. No saben que he llegado. Te haces la desentendida, como si tu no supieras. En forma natural me anuncias. Será una agradable sorpresa."
María José: "¿Por qué quieres hacer eso?"
ToTTó: "Es parte del plan para solucionar el problema del idioma."
María José: "No te entiendo."
Rebeca: "Ya tiene todo el plan en su cabeza. Ja. Ja. Ja."
ToTTó: "Te explico. Los profesores españoles, los alumnos del programa están sentados en la platea. Deben saber más de enseñar que los doctores en la tarima. Son los mejores profesores seleccionados de toda España. ¿Verdad?"
María José: "Tienes razón. Son los mejores profesores de escuelas."
ToTTó: "¿Qué les podemos enseñar?"
María José: "La educación escolar en America es famosa. Esa es la base de este programa. Quieren saber cuales son las diferentes técnicas de enseñanza. La diferente pedagogía y didáctica que usan en américa."
ToTTó: "Parece una novela de ciencia y ficción."

Colección de Anécdotas Amoroso Sexuales Anécdotas: 26 a 33

Rebeca: "Ja. Ja. Ja. Perdonen. Me hace reír con sus ocurrencias."
María José: "Tiene sus ocurrencias. No se puede hablar en serio con él. Explícate por favor."
ToTTó: "No se trata de hablar, aunque creo que eso vamos a hacer en las clases. Se trata de aprender y enseñar. Para ello se necesita estar motivado y saber motivar. Tener ganas y ansias de aprender y/o de enseñar. Lo primero es saber como interesar a los alumnos, abrir y explorar su curiosidad. Sembrar el deseo de saber más. Eso no se consigue hablando."
Rebeca: "Qué lindo lo explicas. ¿Cómo se consigue eso?"
María José: "Buena pregunta. ¿Cómo se logra motivarlos?"
ToTTó: "Lo primero es ser uno de ellos. Convertirse en un estudiante, que junto con ellos, quiere aprender. Dejar de ser 'el Profesor' sabe lo todo'."
María José: "Eso si es interesante. Ser uno de ellos".
Rebeca: "Ya dije que aprenderé mucho contigo."
María José: "Ahora entiendo porque quieres sentarte en la platea, para ser uno de ellos."
ToTTó: "Eso mismo. Esa es la estrategia. ¿Qué te parece?"
María José: "Me sorprendes. ¿Cómo vas a presentarte entones?"
ToTTó: "No lo sé. Es mejor improvisar. Ser natural y expresar lo que uno siente en el momento, con toda sinceridad y sin tratar de ser diferente. Mostrarse ameno y jovial."
María José: "Eso si quiero ver."
Rebeca: "Será fácil para él improvisar. Debe estar acostumbrado. Los va hacer reír con sus sonseras. Yo quiero sentarme a su lado."
María José: "Ustedes dos. Dios los hace y el diablo los junta. Pueden sentarse donde quieran. Haré como si yo no los conozco."
=======
Teníamos tiempo todavía. Seguimos conversando"
=======
ToTTó: "Pensando en el problema del idioma, creo que tengo una solución parcial."
María José: "¡Qué bueno!"
Rebeca: "¿Cuál es?"
ToTTó: "Mañana tengo que ir al aeropuerto a recoger a mi esposa y a mi sobrina que llegan de Madrid."
María José: "Si quieres puedo ir contigo."

Antonio de Pórcel Flores Jaimes Freyre

ToTTó: "Eso no es importante. Ronda, mi esposa está estudiando para su doctorado en Berkeley, una universidad famosa."
María José: "He oído hablar de esa universidad."
ToTTó: "Ronda habla bastante bien el castellano. Creo que ella puede ayudar a los americanos, en algunas de sus clases."
María José: "Me parece estupendo. Si ella quiere hacerlo."
ToTTó: "Creo que ella estará interesada y puede hacerlo. Le preguntamos, si quiere hacerlo. Lilian, mi sobrina tiene dieciocho años. Habla bastante inglés, creo que ella puede ir con las americanas y ayudarlas con el idioma o ayudar en las clases."
María José: "Bien pensado. Lilian va con ellas y así nos las quitamos de encima. Si es necesario ayuda en las clases."
Rebeca: "¿Qué otras novedades tienes ocultas?"
ToTTó: "Cuando venía de Madrid, necesitaba gasolina. En una orilla del río, había una gasolinera. El dueño puso gasolina, no pude pagarle porque no tenía pesetas. Le di un billete de 20 dólares americanos, no lo aceptó. Prometí volver para pagarle por la gasolina. Un fin semana tengo que ir."
María José: "No aceptó tus dólares, porque no se aceptan aquí. Tuvo que aceptar tu promesa de volver, porque no podía sacar la gasolina de tu coche. Qué historia interesante."
Rebeca: "Ja. Ja. Ja. Me imagino a ese señor viendo ese billete. Yo voy contigo si quieres."
ToTTó: "Si quieres ir, vamos. María José. ¿Te apuntas? Vas con nosotros: Ronda, Lilian y Rebeca. Un día de campo en el río."
Rebeca: "Claro que se anima. Hace tiempo que no sale a divertirse. Todo es trabajo y más trabajo."
María José: "La oferta es tentadora. Ya veremos. Gracias por la invitación."
========

La Ceremonia de Apertura
La ceremonia de apertura estaba preparada como me imaginé. En el escenario, sentados detrás de una mesa larga, estaban los Doctores miembros de la universidad y los profesores americanos. A un lado, cómodamente sentadas, las dos esposas de los profesores americanos. María José en el atrio invitando a los discursantes. Rebeca y yo, sentados en primera fila, en la platea al lado del pasillo lateral. La platea llena con los profesores españoles, alumnos del proyecto.

Colección de Anécdotas Amoroso Sexuales Anécdotas: 26 a 33

Los profesores americanos, hicieron sus presentaciones en inglés. Lastimosamente, no había intérpretes. Así que muy pocos, si alguno, de los profesores españoles entendieron esos discursos, que, dicho se de paso, eran nada interesantes.

Después que todos los del escenario hablaron, llegó mi turno. María José me presentó diciendo exactamente lo que yo escribí para ella:
========
María José: "Ahora tengo el placer de presentar a ustedes al Doctor Antonio de Porcel de la Universidad de Stanford, en California. A Antonio no le gusta que lo llamen "Doctor', prefiere que lo llamen ToTTó."
========
Subí con Rebeca escenario, como lo habíamos planeado. Todos nos miraron un poco sorprendidos. Especialmente los americanos quienes no sabían algo de mi. Si lo sabían, probablemente pensaron que yo ya no llegaba. Ellos habían llegado varios días antes. Las más asombradas eran sus esposas, me habían visto en el comedor. Fuimos al centro del escenario, Rebeca a mi lado. Hice una venia. Esto fue lo que dije:
========
"Amigos profesores españoles. Vamos a pasar un tiempo sagrado, aprendiendo juntos. No vengo a enseñar. Vengo a aprender. Ustedes saben bien que la mejor manera de aprender, es enseñado. ¿No es verdad?"
========
Hice una pausa. Aplaudieron.
========
"En mi experiencia, sé que donde mejor se aprende y se enseña es en las escuelas. No en las universidades. En ellas se madura todo aquello que ya se ha aprendido. Se perfecciona el conocimiento ya adquirido. Ustedes son los maestros que forman las juventudes."
========
Hice una pausa. Aplaudieron.
========
"No sé que puedo enseñarles ni ofrecerles algo que valga la pena. Intentaré sin prometerles, haré lo mejor que se pueda, porque siempre se puede hacer un poco más, si uno se esfuerza."
========

Antonio de Pórcel Flores Jaimes Freyre

Hice una pausa. Aplaudieron.
========
"Les prometo que atesoraré cada momento, cada astilla que pueda aprender de ustedes, cada semilla, del árbol de su sabiduría. Me siento muy honrado de gozar del regalo de su valioso tiempo y de su grata compañía. Nos vemos en las clases. Gracias."
========
Hice una pausa. Aplaudieron.
========
Para terminar mi perorata. Quiero presentarles a la señorita Rebeca. Mi asistente personal, mi brazo derecho. El izquierdo está con mi mano, en mi bolsillo."
========
Carcajada general. Aplausos.
========
Mis clases son prácticas. Haremos un proyecto de investigación. La teoría es necesaria, pero no es suficiente. Es practicando que uno aprende. Rebeca repartirá los materiales necesarios."

Rebeca hizo una venia.
========
"Rebeca es quién nos ayudará a saltar los charcos, sin ensuciarnos los zapatos."
========
Carcajada general. Aplausos.
========
Si tienen preguntas, no las oculten en sus bolsillos. Las escriben en un papelito, no muy grande, por favor. Se lo entregan a Rebeca. Una vez más muchas gracias por su amable atención. Recuerden. Me gusta que ustedes me llamen: ToTTó."
========
Carcajada general. Aplausos.
========
María José dio por terminada la ceremonia. Todos se fueron contentos, festejando mis bromas, al comedor, especialmente preparado para el almuerzo de gala a la española. Pequeñas mesas, con cuatro sillas. Una tarima para los invitados especiales, como se hacía en el Colegio Guadalupe, en Madrid.

68

Colección de Anécdotas Amoroso Sexuales Anécdotas: 26 a 33

No les cuento qué y cómo fueron las clases. Nada espectacular. Ronda y Lilian ayudaron en lo que podían.

Al día siguiente, fui con Rebeca, a recoger a Ronda y Lilian. Llegaban en un vuelo de Madrid. Presenté a Rebeca como mi secretaria. Volvimos a la universidad. Era hora del almuerzo, de manera que fuimos directamente al comedor de la universidad.

Cuando entramos, los americanos y sus esposas nos miraron curiosos. Les hice una venia, saludándolos me contestaron de la misma manera. María José se acercó a recibirnos. Hice las presentaciones del caso. La mesa para nosotros estaba preparada. María José no pudo sentarse con nosotros.

Ronda, Lilian y yo nos acercamos a los americanos. Presenté a Ronda, mi esposa y a Lilian, mi sobrina. Ronda les dijo que hablaba castellano y les ofreció su ayuda con el idioma. Lilian les dijo que ella también podía ayudar con el idioma.

Alojamiento en los Dormitorios de la Universidad.

Los dormitorios para estudiantes eran pequeños. Dos camas chicas, dos pequeños escritorios y dos sillas. Me dieron uno de esos dormitorios. María José, me preguntó si necesitábamos otro dormitorio para Lilian."
========
María José: "Estos son dormitorios para estudiantes, los cuartos son pequeños. Trataré de conseguir otro para Lilian."
ToTTó: "Gracias. Sólo necesitamos un dormitorio, para Lilian."
María José: "¿Cómo es eso?"
Ronda: "Nosotros dormimos en la furgoneta."
María José: "¿Duermen en la furgoneta? No puede ser."
ToTTó: "¿Por que no puede ser? ¿Está prohibido?"
María José: "No está prohibido. Pero no me parece correcto."
Ronda: "No tienes que preocuparte. En California dormimos en la furgoneta, cuando vamos a las playas de camping. Tenemos una linda cama, muy cómoda y todo lo que necesitamos. No hay problema."

Antonio de Pórcel Flores Jaimes Freyre

Rebeca: "La cama que tienen es muy cómoda."
María José: "¿Cómo sabes tu eso?"
Rebeca: "Fuimos al aeropuerto a recogerlas en la furgoneta. A la vuelta Lilian y yo nos sentamos en esa cama. La furgoneta sólo tiene dos asientos adelante."
María José: "Eso no sabía."
Rebeca: "Si se puede, quisiera quedarme con Lilian, para no tener que ir a mi casa cada día."
Lilian: "Te quedas conmigo. Así es mejor. No me gusta estar sola."
María José: "Puedes quedare con Lilian si quieres."
Rebeca: "Muchas gracias."
Ronda: "ToTTó viajó especialmente a Madrid, a comprar esa furgoneta. Cuando terminen las clases, viajaremos por todo España e iremos a Paris. Si quieres, vamos a ver la furgoneta para que estés tranquila."
María José: "Como los gitanos, con su casa a cuestas. Tengo que ver esa furgoneta. Vamos."

========

Clases, Materias y Programas el Proyecto

El proyecto duraba cuatro meses, de Febrero a Mayo. Dividido en dos secciones de dos meses cada una. En la primera Sección de Febrero y Marzo, se ofrecieron tres clases.

Uno de los doctores americanos enseño una clase de: "Pedagogía y Didáctica: " El otro enseñó: "Evaluación del aprendizaje." Eran clases teóricas.

Yo enseñé: en la primera Sección: "Memoria y Enseñanza". En la segunda sección: "Motivación y Aprendizaje". En mis clases había un poco de teoría y mucha practica.

Durante la primera sección, los profesores españoles asistieron a una de las tres clases. Un tercio asistió a mi clase.
En la segunda Sección, de Abril y Mayo, todos los profesores españoles asistieron a mi clase, porque, debido al problema del lenguaje, los profesores americanos volvieron a USA, cuando termino la primera sección.

Colección de Anécdotas Amoroso Sexuales Anécdotas: 26 a 33

Primera Sección - Primer día de Clases

El primer día de clases, Rebeca tomó lista de los presentes y entregó los materiales. Hice una pequeña introducción:
========
ToTTó: "Por favor, no me llamen doctor o profesor. Soy un estudiante como lo son ustedes. Me llaman ToTTó."
========
Todos se rieron, algunos hicieron comentarios. Seguí hablando:
========
ToTTó: "La motivación, la memoria, las ganas y el entusiasmo por aprender, son los elementos indispensables para adquirir conocimientos. Mis clases son prácticas con un poco de teoría. No hay exámenes, notas, ni grados. Cada uno de ustedes tiene que terminar un corto proyecto de investigación. Deben escoger uno de los siguientes dos temas: "Memoria Corta y Aprendizaje" o "Memoria Larga y Conocimiento.""
========
Los profesores españoles se miraron, sorprendidos. Seguí hablando:
========
ToTTó: "Si necesitan aclaraciones y ayuda con su proyecto, por favor, escriban sus preguntas, en un papel no muy grande. Entregan el papel a Rebeca. Mañana, empezaremos una especie de seminario donde trataré de contestar a sus preguntas y haré, si puedo, las aclaraciones necesarias. Será como una tertulia, donde ocho asistentes pueden participar libremente. Rebeca les dará la lista de las 8 personas, que deben asistir al seminario."
=========
Una de las profesoras preguntó:
=========
La Profesora: "Perdone ToTTó. Me llamo Griselda. ¿Dónde y cuando será ese seminario?"
ToTTó: "Bienvenida a mi clase Griselda. El seminario será en el en el comedor, después de la merienda y antes de la cena. Tengo que hablar con la directora, para hacer los arreglos definitivos."
Griselda: "¿Quiénes pueden asistir?"
Rebeca: "Las primeras 8 personas que den sus presuntas a Rebeca, después de cada clase, podrán asistir al seminario del día siguiente."
========

Antonio de Pórcel Flores Jaimes Freyre

Otra profesora preguntó:
========
Otra Profesora: "Soy María Julia. Tengo una sugerencia. Para que sea más equitativo, se debe hacer un sorteo de las preguntas del día, escogiendo al azar las 8 personas. ¿Qué les parece?"
ToTTó: "Gracias María Julia por participar. Levanten el brazo los que estén de acuerdo con esa sugerencia."
========
Todos levantaron el brazo. Siguiendo esa sugerencia, al final de cada clase, se escogieron a los 8 participantes.

Mis Clases y el Seminario-Tertulia

Después de la primera clase, María José me preguntó acerca del seminario:
========
María José: "Rebeca me dijo que inventaste un seminario en tu primera clase. ¿De que se trata?"
ToTTó: "Se trata de facilitar el aprendizaje."
Rebeca: " Ja. Ja. Ja. Que chistoso. Eso ya lo sabemos."
María José: "No festejes sus bromas."
Rebeca: "Trataré de evitarlo, pero él me hace reír."
ToTTó: "Los profesores que asisten a mi clase, tienen que hacer un pequeño proyecto de investigación. No creo que sepan hacerlo. Tengo que guiar a un grupo pequeño. Escogeré a los mejores del grupo, para que ellos repitan lo que aprenden en el seminario, hagan sus propios seminarios y enseñen a los demás."
María José: "¡Qué buena idea! ¿De donde te las sacas?"
ToTTó: "En Stanford tenemos un centro de investigación donde estudiantes de doctorado aprenden a enseñar y practicar investigación a otros candidatos. De esta manera, aprenden como ayudar a sus alumnos, cuando sean catedráticos."
Rebeca: "Cada vez sales con algo nuevo. Ahora quieres dar clases en el comedor. Ja. Ja. Ja."
María José: "¿Dijiste que ese seminario será en el comedor?"
Rebeca: "Eso les dijo. Un grupo de 8 profesores, después de la merienda, antes de la cena. Está loco."

Colección de Anécdotas Amoroso Sexuales Anécdotas: 26 a 33

María José. "¿Por qué escogiste ese lugar? Tenemos la sala de conferencias y los salones de clases. Ahí puedes hacer tu seminario."
ToTTó: "Si se podría usarlas, si es necesario. La asistencia es limitada, sólo 8 profesores. El el comedor, estamos a la vista de todos. Una forma de despertar la curiosidad, que puede ser provechosa para los profesores que no están in mi clase."
Rebeca: "Ya se lo que podemos hacer. Juntamos cuatro mesas en el comedor para 10 personas. ToTTó y tu María José, se sientan a los extremos, los 8 profesores a los lados. Yo ayudo en lo que puedo. Ofrecemos café a los participantes. ¿Qué les parece?"
ToTTó: "Me perece que ya lo tienes todo preparado. Me gusta tu idea. Eres la encargada."
María José: "¡Ustedes dos de las traen! Me parece bien esa idea. Podemos probar. Estoy curiosa por ver que saldrá de todo esto."
========
Al día siguiente, empezamos el seminario, como lo planeó Rebeca, con ayuda de Ronda. No les cuento los detalles. Sólo lo que pasó después de varias clases, para que tengan una idea.

Resulta que, algunos profesores españoles, que no estaban asistiendo a mi clase, empezaron a rodear la mesa del seminario, para ver que es lo que estaba pasando.

Al pasar de los días, poco a poco, el grupo de curiosos aumentó. Algunos trajeron sillas cerca de las mesa. De manera que era necesario cambiar el lugar del seminario. María José me dijo:
========
María José: "No podemos seguir con el seminario en el comedor. Tenemos que usar una sala. Quizás la sala de conferencias se mejor.
Rebeca: "Si siguen aumentando los curiosos, quizás el teatro. Ja. Ja. Ja."
María José: "Trata de controlarte mujer. No le des alas."
ToTTó: "Tienes razón son muchas personas. Recuerden que el seminario es para un grupo pequeño."
Rebeca: "Lo podemos hacer en el teatro. Como en la ceremonia de apertura. En el escenario una mesa para los participantes al seminario. Usamos micrófonos y auto parlantes. Los curiosos se sientan en la platea. ¿Que les parece?"

Antonio de Pórcel Flores Jaimes Freyre

María José: "Eso haremos. Mañana durante la merienda, anuncio que el seminario se llevará a cabo en el teatro."
Rebeca: "Los profesores estarán en la platea. Ja. Ja. Ja."
María José: "Ya basta mujer. Eres una reilona. Pero tienes buenas ideas para organizar las cosas. Te felicito."
Rebeca: "Gracias Doctora. Lo digo sinceramente. Estoy feliz."
ToTTó: "Quizás sea bueno invitar a los doctores americanos. Ronda podría ayudar con la traducción."
María José: "Sería bueno, pero no es conveniente. Mucho trabajo extra, que no beneficia a los profesores españoles."
Rebeca: "Además no creo que ellos estén interesados. No es buena idea. Es mejor dejarlos tranquilos."
========
Día de Campo en el Río

Un domingo, en la mañana, fuimos de día de campo, a visitar al dueño de la gasolinera del río. Él me hizo el favor de poner gasolina a la furgoneta, la madrugada que llegué a Santiago. Como no quiso recibir dólares, le prometí volver con las pesetas.

Ronda manejando la furgoneta, Rebeca sentada a su lado, yo atrás, echado cómodamente en la cama. En un pequeño autobús de la universidad iban: María José, Lilian, los profesores americanos y esposas.
Llegamos en comitiva a la casa, a la orilla del río. La estación de gasolina parecía estar cerrada. Toqué la puerta de la casona. Salió el Dueño, me reconoció de inmediato. Se me acercó y me abrazó, como si fuéramos amigos de antaño y me dijo:
========
El Dueño: "Sabía que volverías. Me alegro de verte. No por el dinero, me debes nada. Somos amigos. Vienes bien acompañado."
========
Presenté a la comitiva:
========
ToTTó: "Me puedes llamar ToTTó, es mi apodo. Ronda mi esposa, Lilian mi sobrina, María José Directora del proyecto, en la universidad, Rebeca mi secretaria. Estos señores son profesores americanos con sus esposas.

Colección de Anécdotas Amoroso Sexuales Anécdotas: 26 a 33

El Dueño: "Un placer conocer tan distinguida compañía. Me llamo Joao. Bienvenidos a mi pequeña hacienda."
María José: "El placer es nuestro Don Joao."
Ronda: "ToTTó, mi esposo, nos habló de usted. Gracias por ayudarlo con la gasolina."
Lilian: "Mucho gusto. ¿Me puedo bañar en el río?"
Joao: "Se puede bañar, hay una posa linda más arriba, antes del puente. Mi hija Luciana se la va a mostrar."
Lilian: "Gracias Don Joao."
Rebeca: "Qué lindo. También quisiera bañarme, pero no tengo mi traje de baño."
Joao: "No es problema. Luciana tiene varios trajes de baño. Le va a prestar uno, si usted quiere."
Rebeca: "Gracias. Es usted muy amable Don Joao. ¡Qué lindo día! Estoy feliz."
Joao: "Si, está lindo el día. Me alegro que usted esté feliz. Nosotros contentos con su visita."
========
Los americanos saludaron en inglés. Ronda hizo las traducciones.
========
Joao: "Pasen, pasen, por favor."
========
Entramos en la casona, que desde afuera no se veía tan grande. Juliana, esposa de Joao y Luciana nos saludaron muy amables.
========
No voy a describir la casona, ni las ricas comidas que nos invitaron. Sólo un corto resumen del día.

Luciana, Rebeca y Lilian bañándose en el poza del rio, pronto se hicieron amigas. Ronda pasó casi todo el tiempo, ayudando con las traducciones y admirando los tejidos y costuras de Juliana. Joao, los americanos y yo, pasamos el tiempo jugando ajedrez.

Cuando volvieron de bañarse en el río. Luciana, entusiasmada, pregunto a María José:
=========

Luciana: "Doctora, terminé la escuela secundaria. Quiero empezar mis estudios en la universidad. ¿Puede usted ayudarme?"

María José: "Lo haré con gusto. Te ayudaré con los trámites, para que te inscribas cuando empieces las clases. Ahora estamos de vacaciones."

Luciana: "Muchas gracias Doctora María José. También me gustaría ir con ustedes ahora. Estoy curiosa, quisiera ver como son las clases de los doctores americanos. Lilian me dijo que están enseñando a profesores españoles. Que ella está ayudando con las traducciones. Quisiera participar en ese programa, si es posible. Puedo ayudar en lo que sea necesario, en lo que pueda hacer."

María José: "Si quieres puede asistir a las conferencias de ToTTó como oyente. Tienes que pedirle permiso."

Luciana: "ToTTó. ¿Me das permiso para asistir a tus clases?"

ToTTó: "Puedes asistir a mis clases. Puedes hacer todo lo que quieres, eres libre. Te respeto porque eres mujer. Respeto a todas la mujeres."

Luciana: "Gracias. Aprenderé muchas cosas nuevas."

María José: "Luciana, ¿Puedes ir y venir todos los días?"

Ronda: "Luciana se puede quedar en uno de los cuartos para estudiantes. Si eso no es posible, podemos alquilar un cuarto en una pensión para Lilian, Luciana y Rebeca."

María José: "Creo que será posible que se queden las tres en un cuarto un poco más grande, que generalmente es para visitantes especiales. No será necesario alquilar una pieza."

Lilian: "Si. Eso me gusta. Nos quedamos las tres y ayudamos en lo que se pueda."

Joao: "Luciana. No me haz pedido permiso."

Luciana: "Papá, eso era antes. Ahora ya soy mayor de edad, soy independiente. Mamá está de acuerdo con eso."

Joao: "¡Mujeres. Mujeres! Quién las entiende. Pretenden ser libres. Tengo que darles gusto en todo. Esta bien, haz lo que quieras."

========

Así fue que las tres señoritas se quedaron todo el tiempo en la universidad y fueron una gran ayuda.

Ronda traducía las conversaciones, los americanos se quedaron sonriendo y asintiendo positivamente.

Colección de Anécdotas Amoroso Sexuales Anécdotas: 26 a 33

Acampando en la Playa y Durmiendo en el Río.

Durante las clases, Ronda y yo dormíamos en la furgoneta. Generalmente en el parque Chaian situado en el río Tambre, a 10 minutos de la universidad. Rebeca, Lilian y Luciana en el dormitorio de la universidad.

Los fines de semana, íbamos a las playas cercanas. La favorita de Ronda era la playa de Compostela a media hora de la ciudad. Compramos una carpa muy cómoda, donde dormían Lilian, Rebeca y Luciana. María José tenía que atender a los americanos.

Viaje por España y Paris

Mis clases en Santiago terminaron a fines de Mayo de 1974. Ronda, Lilian, Rebeca y yo, provechamos para viajar a diferentes ciudades de España. Manejando hacia el sur visitamos: Granada y varias ciudades hasta llegar a Sevilla. Manejando hacia el norte, por la costa del Mediterráneo, acampamos en las playas de: Benidorm, Valencia y Barcelona. Luego fuimos a Madrid, porque Lilian debía volver de Madrid a San Francisco.

Ronda, Rebeca y yo seguimos viaje a Paris. Por fin ellas iban a conocer Paris, una cuidad con la que soñaban. Yo había estado varias veces en Paris. {*AutoBiografía de un Bohemio Despistado: Volumen 06; Capitulo 47; Paginas 59-74*} { *AutoBiografía de un Bohemio Despistado: Volumen 06; Capitulo 50; Paginas 75-148*}

A mediados de Agosto, empezaba el semestre de Otoño en la Universidad de Berkeley, de manera que Ronda, voló de Paris a San Francisco. Rebeca y yo nos quedamos en Paris dos semanas. Volvimos a Santiago de Compostela, me quedé con ella dos días antes volver a California.

Rebeca y Ronda
Durante todo el tiempo que duraron los cursos, Ronda y Rebeca se hicieron muy buenas amigas. Un noche, antes que terminen las clases, después de hacer el amor en la playa del río, Ronda me dijo:

Antonio de Pórcel Flores Jaimes Freyre

========
Ronda: "Sé que Rebeca está muy enamorada de ti."
ToTTó: "¿Por qué dices eso?"
Ronda: "Eres un despistado. No te haz dado cuenta. Nunca te das cuenta de los signos que te da una mujer enamorada. Además me lo ha dicho."
ToTTó: "¿Cómo así te lo ha dicho?"
Ronda: "Un día que estábamos en la playa, le pregunté si ella está enamorada de ti."
ToTTó: "¿Qué te contesto"
Ronda: "Se puso a llorar. Me dijo que estaba enamorada, pero que no quería lastimarme. Me enterneció. Es muy sensible y tímida."
ToTTó: "No me parece tímida."
Ronda: "Ya te dije que eres un despistado."
ToTTó: "En eso tienes razón. No presto mucha atención."
Ronda: "Le dije que no soy celosa. Si ella estaba enamorada de ti y si quiere hacer el amor contigo, ella tenia que pedirte. Sé que tu no se vas a pedir. Estoy segura que quiere hacer el amor contigo."
ToTTó: "Yo no estoy enamorado de ella."
Ronda: "Creo que estás enamorado de ella. He notado con la dulzura que la miras, como la tratas y como le das gusto en todo. Te conozco mosco. Me dijo que tiene miedo pedirte y me ha preguntado como eres. Le he contado, con detalle, como hacemos el amor, para que pierda el miedo. No tienes porque preocuparte. Te lo va a pedir. Si no pueden hacer el amor, hagan sexo. No la lastimes. Tu sabes como hacerlo. Ella me va contar todo."
ToTTó: "Claro que no la voy a lastimar. Si llega la ocasión, trataré de satisfacerla en todo lo que quiera. Me conoces."
Ronda: "Rebeca quiere viajar con nosotros. No la podemos dejar así. No seria justo. Ella ha ayudado en todo y quiere estar contigo."
ToTTó: "Si ella quiere y tu quieres, yo no tengo inconveniente. ¿Qué le dijiste del viaje?"
Ronda: "Hicimos juntas, todo el plan del viaje. Se va a quedar muy triste cuando la dejes. Te quedas un tiempo en París con ella, una Luna de Miel. No le dije que te quedarás con ella en Paris, eso no sabe. Le das la linda sorpresa."
ToTTó: "De manera que ustedes dos tienen casi todo preparado."

Colección de Anécdotas Amoroso Sexuales Anécdotas: 26 a 33

Ronda: "Conoces como soy. Puedes dormir con ella, cuando quieran. Durante el viaje, Lilian y yo dormimos en la carpa. Lilian ya lo sabe. No tienen que esperar hasta que hagamos el viaje. No es justo que Rebeca tenga que esperar. Te acuerdas que yo te espere tanto tiempo. Haz dicho a Rebeca que puede hacer lo que ella quiera."
ToTTó: "Tienes razón, eso le he dicho muchas veces, es verdad."
Ronda: "Ya vamos ha arreglar donde dormimos. Eso es cosa de mujeres. Tu bien lo sabes."
=========
Así empezó mi relación amorosa con Rebeca. Ronda tenía razón, estábamos enamorados. Rebeca lo sabía. Yo no me había dado cuenta. La primera vez que hicimos el amor, fue por casualidad.

Ya les cuento:

Fue un domingo de playa en el río. Hacía mucho calor y el agua estaba riquísima. Nos estábamos bañando. Ronda y Lilian fueron a preparar el almuerzo. Rebeca y yo nos quedamos solos. Creo que estaba todo preparado de antemano. Eso no importa.

Estábamos jugando como dos adolescentes. Un rato de esos nos miramos y sin poder contenernos, nos besamos una, otra y otra vez. Abrazados, unidos completamente, acariciándonos, besándonos apasionadamente, de tal manera que sentí como ella se iba excitando, hasta llegar a tener su orgasmo amoroso. No pude contener el mío. Fue una experiencia completamente amorosa que terminó sexualmente, sin necesidad de tener sexo. Así hicimos el amor la primera vez. Estábamos felices.

En medio del río, nos quedamos quietos por largo tiempo, abrazados, completamente satisfechos, una comunión de cuerpos y alamas. Mirándonos amorosamente, sin necesidad de hablar. Fue un sueño amoroso-sexual que nos sacó de la realidad, levándonos al mundo del amor, por el amor mismo, como un sueño. Eso fue bastante. Nunca me olvidaré de ese río ni de Rebeca.
Nos despertó, la llamada de Ronda, invitándonos al almuerzo.

Antonio de Pórcel Flores Jaimes Freyre

========

Ronda: "Esos dos patitos amándose en el agua. Vengan. Está listo el almuerzo. Pueden seguir amándose después de almorzar. El río los estará esperando. Me alegra que estén felices."

Rebeca: "Creo que Ronda se ha dado cuenta. Que es la primera vez que tengo un orgasmo amoroso tan lindo, dentro del agua."

ToTTó: "Para mi es la primera vez que he sentido el tuyo en todo mi cuerpo."

Rebeca: "He sentido el tuyo. Me ha hecho vibrar toditita. ¡Qué lindo es hacer el amor así! Con caricias, abrazos y besos. Sentirse tan amada, tan deseada, que uno no puede, ni quiere controlarse. Darse completamente al ser amado, olvidándose del mundo."

ToTTó: "Primero el amor y después el sexo."

Rebeca: "Eso me dijo Ronda. No entendía que es lo que ella quería decir. Ahora lo sé. Para entenderlo, una tiene que sentirlo."

========

Paris: La Pensión de Madame Leraou

En otros Volúmenes les conté como conocí a Madame Leraou y de las varias ocasiones que estuve alojado en su pensión. {*AutoBiografía de un Bohemio Despistado: Volumen 9; Capítulo 61; páginas 31-64 (1963) /Volumen 4; Capítulo 33; Páginas 31-64; (1966) / Volumen 6; Capítulo 48; Paginas 29-38; 1966 / Volumen 6; Capítulo 50; Páginas 75-148; (1966)*}.

Cuando Ronda, Rebeca y yo llegamos a Paris, estábamos cansados de vivir en campamentos. Decidimos ir a la pensión que yo conocía en Montmatre. Pasaron diez años desde la última vez que estuve en esa pensión en 1964. No pensé que era posible que Madame Leraou y Marijó todavía estuvieran de en esa pensión.

Felizmente, estaba equivocado. Algunas veces mi destino hace que nuestros caminos se vuelvan a juntar. Esto me ha pasado bastante a menudo. No existe explicación posible. Es el gran misterio de la vida, no tenemos control del destino.

Mis queridas amigas Madame Leraou y mi amiga Marijó, nos recibieron muy contentas. Pueden imaginarse la sorpresa mía y la de mis dos queridas amigas, las dueñas de la pensión. Ronda y Rebeca no estaban sorprendidas, como si para ellas hubiera sido completamente natural, que me encuentre con amigas donde vaya.

Al verme, Madame Leraou, no pudo contenerse. Corrió hacia mi, me abrazó y be besó. Llorando me dijo:
========
Madame Leraou: "No perdí las esperanzas de volverte a ver. He soñado y he pensado en ti todos estos años. Muchas veces conversamos con Marijó, recodándote. Por fin haz llegado."
=======
Sin esperar más. dijo a Marijó:
=======
Madame Leraou: "Marijó. ¿Qué esperas? ¿Qué haces ahí parada, sin moverte? Abrázalo y bésalo, como me haz dicho que lo harás cuando él vuelva. Lo haz estado esperando todo este tiempo. ToTTó está esperando y tu no te mueves. ¿Que te pasa mujer?"
========
Me acerqué a Marijó. La tome en mis brazos. Nos miramos por corto momento. Besé suavemente sus ojos, secando sus lagrimas. Reaccionó. Nos besamos muchas veces. Tomó mi mano y me dijo:
========
Marijó: "Te esperado todos estos años. Estoy feliz de verte. Tu sabes cuanto te queremos. Este es un día feliz. Gracias por volver."
========
Volvimos a besarnos. No me di cuenta que Ronda y Rebeca estaban llorando. Era tal la emoción que no pudieron controlar las lágrimas. Madame Leraou las abrazo cariñosamente.
========
Madame Leraou: "Bienvenidas. Gracias por traer a mi amado ToTTó. Nos han hecho muy felices. Tenemos que festejar. Si ustedes están con ToTTó, ya somos amigas. "
========
Marijó se acerco a ellas y las abrazo diciendo:
========
Marijó: "Se que ToTTó las quiere como él nos quiere. Ya somos amigas. Estoy feliz con ustedes. Ya somos hermanas. Bienvenidas."
¿Qué pasó con Ronda, Rebeca, Madame Leraou y Marijó? Es otra anécdota digna de otro capítulo.)
========
Fin de la Anécdota
\> \> \> \> \> \> * * * * * * < < < < < <

Madame Leraou: "
Bienvenidas.

Gracias por traer a mi amado ToTTó.

Nos han hecho muy felices.

Tenemos que festejar.

*Si ustedes están con ToTTó,
ya somos amigas. "*

Colección de Anécdotas Amoroso Sexuales Anécdotas: 26 a 33

Anécdota 29 (V08-C60)
Hermínia - Joane - Thelma - Alida
(1969)
Stanford California
Mis Primeros Pasos

Les conté que en 1968 empezamos a vivir en Stanford *(Volumen 3, Capítulo 23, pagina 30)* Estaba dando mis primeros pasos en una universidad famosa, sin saber el idioma. Con la ayuda del profesor D.S., a quién conocí en un seminario de Psicología Matemática en la Haya, Holanda, en 1964, logré ser aceptado en Stanford, como candidato al doctorado en la facultad de Educación.
>>>>>>>>
Se preguntarán:

¿Cómo es que este bohemio, si dinero, sin saber inglés, recién llegado al país como emigrante, pudo estudiar en una universidad privada, de las más caras en USA?

La historia es bastante larga. Trataré de darles un resumen.
Cuando llegamos a San Francisco (1968) yo sabía nada acerca de Stanford. Averigüé cuales eran las universidades cerca de San Francisco. Una era la Universidad de California en Berkeley. La otra era la universidad privada de Stanford, en Palo Alto.

La primera ves que fui a Stanford, conocí Hermínia, una estudiante brasilera que me ayudó a dar mis primeros pasos. La conocí por casualidad. Era el día de Martín Lutero King. Estaba todo cerrado en Stanford. Estudiantes y profesores, sentados en el suelo, frente a la Iglesia de Stanford. No sabía que estaba pasando. Me senté al lado de ella y sin más que pensar, le pregunté:
========
ToTTó: "Perdone señorita. ¿Qué está pasando?"
========
Ella, muy seria, me contesto en portugués, felizmente entendía, porque en Lisboa pude aprender bastante portugués, pero no lo hablaba. Ella me dijo:
========

Antonio de Pórcel Flores Jaimes Freyre

Ella: "Meu nome é Hermínia, sou brasileira. ¿Qual o seu nome? Me llamo Hermínia, soy brasilera. ¿Cómo te llamas?"

ToTTó: "Me llamo Antonio, soy boliviano. Mucho gusto de conocerla."

Hermínia: "El gusto es mío. ¿No sabes lo que está pasando? Qué raro. Todos lo saben. No conoces a Martin Lutero King?"

ToTTó: "No. ¿Es un profesor acá?"

Hermínia: "No me hagas reír. Era un pastor negro, un líder. Lo asesinaron un día como hoy hace años. Estamos recordando su memoria."

ToTTó: "Eso no sabia. Gracias por desportillar un poco mi ignorancia."

Hermínia: "Te pedí que no me hagas reír, eres ocurrente. Mejor nos callamos. Hablamos después si quieres."

========

Ese fue mi primer encuentro con una estudiante de Stanford. Resulta que Hermínia era una candidata al doctorado en Educación y conocía a todos los profesores. Eso yo no lo sabia cuando nos conocimos.

Terminada la ceremonia, la invité a una cafetería, tenía hambre y quería tomar un buen café. Me llevó a una cafetería en Palo Alto.

========

Hermínia: "¿Qué quieres hacer ahora?"

ToTTó: "No he comido todavía, quisiera ir a una cafetería. Yo te invito."

Hermínia: "Todo está cerrado aquí. Vamos a una cafetería en Palo Alto."

ToTTó: "¿Está cerca? ¿Podemos ir caminando?"

"Hermínia: "¡Qué chistoso eres! Acá no puedes ir caminando a parte alguna. ¿No tienes auto?"

ToTTó: "No. Vine en el tren desde San Francisco, donde vivo."

"Hermínia: "¡Ha! Vamos en mi auto."

========

No conocía Palo Alto, una de las ciudades más interesantes de la Bahía de San Fráncico. La Universidad de Stanford está ahí. Me llevó a una cafetería que era a la vez, una librería interesante.

Colección de Anécdotas Amoroso Sexuales Anécdotas: 26 a 33

Nos sentamos a una mesa, ella frente a mi. Hermínia ordenó dos capuchinos con empadrados de jamón en unos croissants. Después de saborear los ricos emparedados y gozar de un buen café, conversamos:
========
Hermínia: "¿Cuánto tiempo que estás aquí?"
ToTTó: "En San Francisco 7 meses. Llegamos en marzo de este año."
Hermínia: "¿Qué quieres hacer en Stanford?"
ToTTó: "Estoy buscando al Doctor L.C.. Creo que un profesor acá en Stanford. Lo conocí en La Haya, en Holanda. Quiero preguntarle si me puede ayudar a entrar, en el programa de Doctorado en Psicología Educativa, de la Facultad de Educación."
========
Por un corto momento, Hermínia se quedó asombrada, sin palabras. Luego me dijo:
========
Hermínia: "¿Me estás diciendo la verdad?"
ToTTó: "Por favor, no creas que soy un mentiroso. Me respeto a mi mismo y te respeto, porque eres mujer. Respeto a todas las mujeres. Me madre me lo enseño desde que yo era chico."
========
Hermínia me miró, más asombrada aun, bastante avergonzada y me dijo:
========
Hermínia: "Discúlpame por favor. No quise ofenderte. Es increíble lo que me haz dicho. Me alegra mucho que respetes a las mujeres, pocos hombres las respetan. El profesor L.C. es el profesor más famoso de Stanford. Sólo estudiantes de doctorado, muy bien seleccionados trabajan con él. ¿Dices que lo conociste en La Haya, en Holanda? ¿Cómo lo conociste?"
ToTTó: "Estaba estudiando en la universidad de Madrid. Conseguí una beca para asistir a un seminario (un taller) de Psicología Matemática en la Haya."
Hermínia: "¿Eres psicólogo?"
ToTTó: "Estudié psicología, pero no me considero un psicólogo. Tengo una licenciatura en Filosofía de la Universidad de La Paz, Bolivia."

Antonio de Pórcel Flores Jaimes Freyre

Hermínia: "Tu si que eres diferente. Te presentas humildemente, como si no supieras que hacer. Dices que respetas a las mujeres. Encima de todo esto dices que conoces al Doctor L.C."
ToTTó: "No seas exagerada. Se hace lo que se puede."
Hermínia: "Con una recomendación de L.C. te van aceptar de inmediato. Estoy segura. Me puedes ayudar a obtener por fin, mi doctorado. Gracias por anticipado. Hoy es mi día de suerte."
ToTTó: "¿Cómo dices? No te entiendo."
Hermínia: "Claro que me entiendes, no te hagas el sonso."
ToTTó "Si puedo ayudarte, lo haré con todo gusto. Tu me estás ayudando a dar mis primeros pasos."
Hermínia: "Eres ocurrente. ¿A dar tus primeros pasos? Tu corres mejor que yo, no sé si te voy a alcanzar."
ToTTó "No sé algo de disertaciones. Todo esto es nuevo para mi. ¿Cual es tu problema?"
Hermínia: "Soy una tonta. Tengo mi maestría en educación, de la universidad de Pittsburgh, Pennsylvania. Me aconsejaron seguir el doctorado en psicología de la educación. No sabia que era el programa más difícil. Hace dos años que estoy tratando. El problema es que piden investigación experimental, requiere mucha estadística. Dices que haz estudiado psicología matemática. Tu debes saber estadística. He pedido ayuda a muchas personas. No tengo mucho dinero para pagar a expertos. Estoy cansada. Creo que voy a dejar todo esto y volver a Rio de Janeiro."
ToTTó "No debes desanimarte. No puede ser tan dificil. Te hago un trato. Tu me ayudas con el inglés y yo te ayudo con tu disertación. Vamos a tardar bastante, eso debes saber."
Hermínia: "Acepto el trato. Tu me ayudas y yo te ayudo. Pero, ¿qué pasa si no te aceptan en Stanford?"
ToTTó "Igual nos podemos ayudar. ¿No te parece?"
Hermínia: "Tienes razón. Vienes mañana. Te ayudo a encontrar al doctor L.C. ¿Quieres?"
ToTTó "Claro que si. Mañana vuelvo, pero no se a que hora. Tengo que tomar un autobús y el el tren."
Hermínia: "Vamos a la estación del tren, vemos que tren te conviene y a que hora llega a Palo Alto. Te espero o me esperas en la estación. Ahora tengo algo que hacer. Te llevo a la estación."
========

Al día siguiente, Hermínia me esperaba en la estación del tren. Me llevó a la facultad de educación, a la oficina del Doctor L.C. que estaba cerrada. Fuimos a la biblioteca. Le dije a Hermínia:
========
ToTTó: "Por favor no te sorprendas de lo que te voy a decir."
Hermínia: "Estoy sorprendida. Sales con algo inesperado."
ToTTó: "Hazme el favor de dejarme hablar y tu traduces lo que diga. Al pie de la letra. ¿Puedes?"
Hermínia: "¡Qué chistoso que eres! ¿Por que quieres eso?"
ToTTó: "No preguntes. Ya te darás cuenta."
Hermínia: "Está bien, si así lo quieres."
ToTTó: "Gracias."
========
Nos acercamos a una bibliotecaria. Le pregunté si ella sabía donde estaba el Doctor L.C.
========
ToTTó: "Perdone señorita. ¿El Doctor L.C.?"
La Bibliotecaria: "Lo siento, señor. No entiendo Español"
ToTTó: "Mi amiga va a traducir."
========
Hermínia me tiró una de sus miraditas y tradujo al pie de la letra.
========
La Bibliotecaria: "El Doctor L.C. está en el Japón."
ToTTó: "¿Sabe usted que profesor está atendiendo los asuntos del Doctor L.C.?"
La Bibliotecaria: "Un momento por favor. Voy a preguntar a la secretaria del Decano."
========
Llamó por teléfono. Luego nos dijo:
========
La Bibliotecaria: "Dice que es el Doctor R.S."
ToTTó: "¿Dónde puedo encontrar al Doctor R.S."
La Bibliotecaria: "En la oficina de Investigación Educativa."
ToTTó: "Muchas gracias, es usted muy gentil y graciosa. Me llamo Antonio, me puede usted llamar ToTTó."
La Bibliotecaria: "Yo me llamo Joane. Si necesita algo más, me puede preguntar." {*¿Qué pasó con Joane? Está es otra historia digna de otra anécdota.*}

Antonio de Pórcel Flores Jaimes Freyre

Salimos de la biblioteca. Hermínia me dijo:
========
Hermínia: "Ahora entiendo porque quieres que traduzca exactamente lo que dices. Eres un bandido. Endulzaste a esa niña con palabras bonitas. Estoy seguro que no se va olvidar de ti. Me estás enseñando como pedir ayuda a la gente."
ToTTó: "Ja. Ja. Ja. No es para tanto. Son palabras de agradecimiento."
Hermínia: "Nada de eso. Viste la sonrisa con la que te contestó. Le alegraste el día fácilmente y conseguiste la información, sin problema."
ToTTó: "No toda la información. No sé dónde está la oficina del Doctor."
Hermínia: "Yo se donde está. No está cerca. ¿Quieres ir caminando? Es difícil encontrar estacionamiento."
========
Les contaré con cierto detalle lo que pasó con el Doctor R.S.

En su oficina nos acercamos a su secretaria. Una rubia bien parecida. Muy ocupada escribiendo. Hermínia ya iba a hablar. Le hice una seña para que se quede callada. Me dio una de sus miraditas.

Parados frente a su escritorio, en silencio esperamos un momento. Ella se dio cuenta de nuestra presencia, un poco sorprendida. Antes que pudiera hablar le dije:
ToTTó: "Perdone señorita. Podemos esperar sin problema. Veo que usted está muy ocupada y no queremos interrumpirla."
========
La rubia nos miro un poco avergonzada. Luego me contesto."
La Rubia: "Lo siento. No entiendo español"
ToTTó: "Mi amiga va a traducir."
========
Hermínia me dio una patadita por debajo y tradujo.
========
La Rubia: "Disculpe. Estaba muy distraída. ¿Que se le ofrece?"
ToTTó: "No tenemos algo porqué disculparla. Es bueno distraerse con el trabajo, prestarle todo la atención, así no se cometen errores involuntarios."

88

La Rubia: "Tiene usted razón. Muchas personas no lo entienden."
ToTTó: "Mi nombre es Antonio de Pórcel. Quisiera hablar con el Doctor R.S. si es posible y si usted me lo permite."
========
La Rubia me miró sonriendo y escribió mi nombre y me dijo:
========
La Rubia: "Generalmente el Doctor sólo recibe a personas que tienen una entrevista. Espere que le pregunte si puede recibirlo."
========
La Rubia entró a la oficina del Doctor. Nos quedamos esperando. Hermínia me pellizco y me dijo:
========
Hermínia: "Una vez más la metiste a esta otra al bolsillo. Vine antes y no pude ver al Doctor. No tenía tiempo. Ahora la niña, sonriendo, no tiene inconveniente de ir en persona a anunciarte."
ToTTó: "Ya te dije. Uno hace lo que puede."
========
Para aumentar la gran sorpresa de Hermínia. Se abrió la puerta y salió el Doctor R.S. A quién inmediatamente reconocí. R.S hablaba bastante bien el español. Esta fue nuestra conversación:
========
R.S.: "Antonio. ¡Qué haces aquí! Linda sorpresa."
ToTTó: "El sorprendido soy yo. No pensaba encontrarte aquí, nada menos de Doctor, profesor de Stanford."
R.S.: "Ya me vez. Mira esta foto de los dos. ¿Te acuerdas?"
ToTTó: "Déjame verla."
========
Me mostro la foto en la cual estábamos los dos jugando al billar en Holanda. Se la mostré a Herminia. La miró y me la devolvió.
========
ToTTó: "¿Como es que la tienes?"
R.S.: "Recuerdo esos tiempos. Lo bien que lo pasamos con tus invitaciones y las muchachas que te acompañaban."
ToTTó: "Hermosos tiempos, tienes razón. ¿Tienes otras fotos?"
R. S.: "Esta es la única que tengo, por eso la guardo. Qué bueno volverte a ver. Pasa, vamos ha estar más cómodos."
ToTTó: "¿Conoces a Hermínia? Me está ayudando a traducir."
========

Antonio de Pórcel Flores Jaimes Freyre

R. S. Un poco avergonzado por no haberle dado atención.
=========
R. S. "Perdone Hermínia. Este señor me tomó por sorpresa, somos buenos amigos. Hace años que no nos veíamos."
Hermínia: "No tengo porque perdonar Doctor. Usted tranquilo, por favor. Me alegra que sean buenos amigos. Comprendo la situación. Un honor poder conversar con Usted. "
==========
La miré un poco sorprendido por el amable lenguaje que estaba usando y por la suavidad con que le respondió. Ella notó mi mirada. Sabía que me iba a decir algo acerca de este encuentro.
=========
R.S.: "¿Que traes entre manos?"
ToTTó: "Me han dicho que estás supliendo a L.C.."
R.S.: "¡Supliendo! Sólo a ti se te ocurre decir eso. Ojala que no te oigan. Simplemente, me encargo revisar sus asuntos y escribirle si hay algo importante. ¿Que quieres con L.C."
ToTTó: "Tenía la esperanza que el me ayude a entrar en el programa de doctorado en educación."
R.S.: "Estoy seguro si él estuviera aquí, te ayudaría. Pero no hay problema. Te puedo ayudar, es fácil para mi. No tenemos mucho tiempo. Las inscripciones se terminan en unos días. Mi secretaria te ayudará a llenar los papeles. Firmo la carta de recomendación. Hermínia te puede ayudar con la inscripción. Ahora mismo llenan los formularios. Ya tendremos mucho tiempo para conversar. Te debo muchos favores, ahora estamos a mano."
=========
Si Hermínia no hubiera estado sentada, se caía de espaldas. Con la boca bien abierta nos miraba.

R.S. Llamó a su secretarita y le dio las instrucciones. Ese mismo día llenamos los papeles necesarios. La secretaria los iba a presentar al día siguiente. Sólo teníamos que seguir las instrucciones para completar la inscripción.

Esta historia muy interesante. ¿Como pude inscribirme sin tener dinero en una universidad de las caras de USA?

90

Fuimos al auto. Hermínia, ahí me dijo:
========

Hermínia: "Ni en una novela suceden las cosas como las haz conseguido. No sabes lo difícil que es entrar en esta universidad. Te dieron el pan en la mano, sólo tienes que saborearlo. La secretaría llenó los papeles, como si fuera lo más importante que tenía que hacer. Ya la tienes en tu bolsillo, te lo aseguro. Si me lo cuentas no lo creería."

ToTTó: "Te lo repito. Uno hace lo que puede."

Hermínia: "¿Cuáles son esos favores que él Doctor te debía, que ya están saldados? Seguro que se trata de 'las muchachas que te acompañaban'. ¿Quienes eran esas muchachas? ¿Hacían muchos favores? Si quieres que te siga ayudando, tienes que contarme con detalle. Yo con esta curiosidad no me quedo."

ToTTó: "Y tu disertación?"

Hermínia: "Me ayudas. Tengo hambre vamos a comer algo."
========

No les cuento en detalle todo el proceso de la inscripción. Sólo lo interesante. Para inscribirme, tenia que presentarme a muchas ventanillas, una después de otra, en línea.
========

ToTTó: "Vienes conmigo, pero no traduzcas."

Hermínia: "Ya lo sé. No quieres que hable. Calladita tendré que aprender como lo haces. No necesitas el idioma."

ToTTó: "No exageres. Si necesito que traduzcas te voy a mirar dos veces asintiendo con la cabeza."

Hermínia: "Está bien, así lo haré."
========

En cada ventanilla, yo entregaba los papeles sin decir palabra. Los revisaban, ponían los sellos correspondientes y me los entregaban, sin problema. Llegamos a la última ventanilla. Soy tan despistado que no me di cuenta que era la caja, donde había que pagar la inscripción. Claro está que yo no tenía dinero. ¿Qué hacer? Nada, esperar lo que suceda. La cajera me dijo en inglés:
========

La Cajera: "Son 800.00 dólares por cuatrismestre. ¿Como los va a pagar?"
========

Antonio de Pórcel Flores Jaimes Freyre

Entendí que debía pagar 800.00 dólares. Me hice el desentendido. Hermínia ya iba a traducir. Le di una patadita por debajo y se quedo callada. La cajera me miró. Me encogí de hombros y le dije:
========
ToTTó: "Señorita no hablo inglés."
========
La cajera me miró. Había una cola larga esperando. La cajera se quedó un corto momento pensando. Luego sacó un papel amarillo, Escribió mi nombre y otros detalles. Me lo alcanzó y me dijo:
========
La Cajera: "Firme aquí."
========
Le hice una seña con la mano indicando que si ella quería que firme el papel. Asintió con la cabeza. Lo firmé. Puso los sellos y me entregó el recibo de la inscripción. Le agradecí sonriendo.

Caminamos al auto. Hermínia me dijo:
========
Hermínia: "No tenías que patearme. Dices que me respetas. Ja. Ja. Ja. ¿Esa es la forma que me respetas?"
ToTTó: "Perdóname. Una suave patadita de amor, que vale 800.00 dólares y tu te quejas. Ja. Ja. Ja."
Hermínia: "Así que entendiste todo lo que estaba pasando. ¿Qué firmaste?"
ToTTó: "No sé. Un papel amarillo. No tiene importancia. Sea lo que sea, ya estoy inscrito y ahora te puedo ayudar oficialmente."
Hermínia: "Eso es verdad. Lo conseguiste haciéndote el sonso. Sabes bien como usar, lo que no sabes."
ToTTó: "¿Como es eso? No te entiendo."
Hermínia: "Claro que me entiendes. No sabes hablar inglés y usas esa tu ignorancia con maestría, para conseguir lo que quieres."
ToTTó: "Si tu lo dices, tengo que aceptarlo. Si no te gustó la patadita, me la puedes devolver. Si te gustó, puedo darte otra, ¿Que te parece?"
=========
Sin decir palabra, riéndose, me devolvió la patadita.
========
Hermínia: "No te quejes. Te lo mereces."

ToTTó: "Como tu digas Princesa."
Hermínia: "Ja. Ja. Ja. ¡Princesa! A mi no me doras la pildorita. Ya te voy conociendo. Tengo que tener cuidado contigo."
ToTTó: "Puede que sea al revés. Quizás soy yo quien tiene que tener cuidado contigo."
Hermínia: "Mejor que sea así. No me conoces. Ya no soy tu traductora, ahora tu eres mi ayudante. Prepárate."
ToTTó: "Así que R.S. te conoce."
Hermínia: "Como no me va a conocer. Es mi consejero, responsable por mi disertación. Es él quien no la aprueba. Pero ahora que es tu amigo, será otra cosa. Especialmente si yo se algo de esos favorcitos y las 'muchachitas que te acompañaban'. Ja. Ja. Ja."
ToTTó: "Ja. Ja. Ja. No seas mal pensada. Cuando te cuente te darás cuenta. Ya verás."
Hermínia: "No te animes a cambiar ni a inventar. Quiero saber la verdad. Me has prometido. Me haz dicho que siempre me dirás la verdad."
ToTTó: "Así es. Te lo he prometido y te lo vuelvo a prometer. No soy un mentiroso, ya lo sabes. Te respeto y tu me respetas. Siempre nos tenemos que decir la verdad. Ahora eres tu quien tiene que prometérmelo."
Hermínia: "Te lo prometo. No habrá secretos entre nosotros. Eso si me gusta."
========

Thelma

Resulta que Thelma, la Rubia, secretaria del D.S. era muy importante, aunque casi nadie le daba la importancia que ella tenía. Especialmente cuando se refería a los estudiantes de doctorado que R.S. aconsejaba. Yo no sabía esto, pero como me ayudó con tan buena voluntad, decidí agradecerle.

Después de varias semanas de aprender como se vivía como estudiante, fui a su oficina y darle las gracias. Compre un caja de chocolates, una tarjeta con un dibujo de un rosa roja, en la que escribí: 'Gracias por ser una mujer maravillosa y ayudar este desconocido que aprecia su amistad. Antonio.'

Antonio de Pórcel Flores Jaimes Freyre

Ese día, a la hora del almuerzo, sabiendo que ella estaría en su rato libre, fui a su oficina y la esperé en la puerta. No tardó mucho en salir. Cuando me miró, con el paquete en la mano. Se quedó parada. Me acerqué y le dije, en mi medio inglés.
========
ToTTó: "Thelma. Gracias por su gran ayuda. Estos chocolates para usted. Por favor acéptelos."
========
Por un momento me miró sorprendida sin atinar a coger el paquete. Hice un ademan de entregarle el paquete, animándola. Lo recibió sonriendo y me dio las gracias. Hice una venia y me despedí, dejándola parada con el paquete en la mano. La tarjeta, escrita en Español. Entonces casi nadie hablaba español en la universidad.

A los dos días, como acostumbrábamos, me encontré con Hermínia en la biblioteca, para seguir trabajando en su disertación. Me tomó del brazo y me sacó de la biblioteca diciendo:
========
Hermínia: "Vamos a fuera, acá no podemos hablar."
ToTTó: "Vamos a la cafetería. Te dije que mejor trabajamos ahí."
Hermínia: "No se trata de eso."
ToTTó: "¿Se puede saber porque estás de mal humor?"
Hermínia: "¡Cómo no voy a estarlo! Chocolatitos para la Rubia y esa tu tarjeta. Ella se estaba disolviendo cuando se la traduje."
ToTTó: "¿Qué estás diciendo?"
Hermínia: "No te hagas el sonso. La niña que antes no me hacia caso, me llamó, pidiéndome que, por favor, traduzca tu tarjeta."
ToTTó: "Me alegro que ya sean amigas."
Hermínia: "Que amigas ni que ocho cuartos. Thelma te interesa. Estoy segura. ¿Por qué no me lo haz dicho antes?"
ToTTó: "Porque no se si me interesa como mujer. Quise darle las gracias. Además deberías estar feliz por lo que hice. Ahora nos ayudará con tu disertación. Si llega a interésame como mujer, te lo diré antes. Te lo prometo."
Hermínia: "Es mayor que tu."
ToTTó: "La edad no tiene importancia. Tu eres menor que yo."
Hermínia: "¿Le diste esos chocolates y la tarjeta con una segunda intención, para que nos ayude?"

94

ToTTó: "Claro que no. ¿Cómo puedes pensar eso? Sería una falta de a respeto a ella, a ti y a mi mismo. Se los di porque sencillamente, ella los merece. Me ha ayudado mucho y le estoy agradecido."
Hermínia: "¿No te parece que lo que escribiste es bastante romántico? A mi nadie me ha dado una tarjeta escrita así, con la ilustración de un linda rosa roja."
ToTTó: "No hay intención alguna de mi parte. Me gustó la tarjeta. Escribí lo que escribí, porque yo soy así. Si no te gusta, allá tu."
Hermínia: "No te pongas así conmigo. Te creo. Tu eres así, espontáneo. Dices y escribes lo que sientes, no lo ocultas, ni lo usas. Creo que me estoy enamorando de ti. Discúlpame, por favor y dame un beso."
========
La cerqué a mi y la besé delicadamente en los ojos, secándole las lagrimas y le dije"
========
ToTTó: "Yo también creo que me estoy enamorando de ti. Ahora somos amigos, no tenemos que ocultar nuestros sentimientos. Tenemos que esperar a ver que pasará entre nosotros. El amor nace sin darnos cuenta, necesita tiempo para crecer, es como una plantita que hay que regarla, cultivarla, antes que pueda dar flores."
Hermínia: "Que bonito que lo explicas. Tengo miedo. Me he dado cuenta que gustan y te atraen las mujeres, se te pegan fácilmente. Creo que es, por que eres sincero con ellas, porque eres diferente, ya te lo dije. No sé si podre compartir tu amor con otras mujeres. No quiero quitarte tu libertad."
ToTTó: "Es por eso que tenemos que esperar. Cultivar nuestro amor, para que sea tan fuerte y lindo, que no te importe y nos haga felices compartirlo con otras mujeres, con otros hombres, con otras personas que nos amen de igual manera. Llegarás a ser muy buena amiga con Thelma."
Hermínia: "Tienes razón, es una linda persona y me lo ha pedido. Me ha dicho que quiere ser mi amiga. Creo que es sincera."
========
La Disertación de doctorado de Herminia
Para que tengan una idea de lo que faltaba en la disertación de Herminia y del porque no la aprobaban, les contaré un poco del trabajo que hicimos juntos.

Antonio de Pórcel Flores Jaimes Freyre

Las disertaciones de doctorado tenían los siguientes capítulos:
Presentación del estudio experimental
Revisión de la literatura
Diseño Experimental
Análisis estadístico
Resultados
Conclusiones
Recomendaciones

Herminia había presentado cuatro veces su disertación. No fue aprobada, faltaban: una explicación adecuada del Diseño Experimental, el Análisis Estadístico y la presentación de los Resultados.

Su estudio era una comparación interesante de la diferencia en el número de preguntas que la profesora hacia y respuestas de los alumnos. Comparaba la atención que la profesora prestaba, a alumnos anglos y latinos, en clases mixtas. Herminia había hecho sus observaciones en tres escuelas, grados quinto y sexto. Los datos eran interesantes, basados en observación de las interacciones de la profesora con sus alumnos.
Cuando empezamos trabajar, después de revisar su disertación, dije a Herminia:
========
ToTTó: "Haz hecho un lindo estudio. Te felicito. Tus observaciones son excelentes. Te ayudaré con lo que falta, pero quiero que sepas que no voy hacer tu disertación. Tu tienes que hacerla."
Herminia: "No te entiendo. Explícame que quieres decir."
ToTTó: "Tienes que aprender como se hace un buen diseño experimental, como se hace el análisis estadístico y como se deben presentar los resultados."
Herminia: "¿Por qué tengo que aprender todo eso?"
ToTTó: "Por que cuando seas una doctora, profesora de una universidad, no quieres que los estudiantes que aconsejes, estén como tu, sin saber que hacer y sin que nadie les enseñe."
Herminia: "Tienes razón. No pensé en eso. Aunque sea muy difícil para mi y nos tome tiempo, veras, lo aprenderé. Tu me enseñas como se hace. Gracias por hacerme notar eso tan importante."

ToTTó: "Lo primero que tenemos que aprender es como trabajar con la computadora."
Herminia: "No sé si eso es posible. No me puedo inscribirme en mas clases. Sólo me permiten trabajar en mi disertación."
ToTTó: "Me han obligado a escoger una clase del uso de la IBM, la computadora el Centro de Computación. Pasamos la clase juntos. Me ayudas como traductora. ¿Qué te parece?"
Herminia: "Estupendo. Puedo hacerlo fácilmente. No sabes que yo era secretaria, tomo notas durante la clase y después las estudiamos."
ToTTó: "Es bueno que tomes notas, pero eso no es suficiente. Tenemos que practicar, tenemos que aprender como funciona esa computadora. Sé algo, pero muy poco."
Herminia: "¿Cómo vamos a aprender eso?"
ToTTó: "Haciéndolo, cometiendo muchos errores. Trabajando con la computadora, por lo menos, 2 horas al día. Esa es la única forma."
Herminia: "Parece que tengo que empezar todo de nuevo. Sé que lo haremos. El trabajo y la dedicación no me asustan. Eres buen profesor, me gusta estudiar contigo."
ToTTó: "Hablé con el doctor R.S acerca de eso. Aprobó que asistas conmigo a todas mis clases, como mi traductora. Le dije que te ayudaré con tu disertación. También aprobó eso. No tendremos problemas.
Herminia: "Que buena noticia. Estoy feliz. Tengo que aprender de ti, como solucionar problemas. Gracias."
========
Otro detalle interesante de mis primeros pasos.
Era mi primer cuatrimestre en Stanford. Estaba obligado a tomar tres clases: Filosofía de la Educación, Computación y Pedagogía del Aprendizaje. Una electiva, seleccioné Ingles.
Con Herminia, fuimos a mi primera sesión de la clase de filosofía. Antes de la clase, me presenté al profesor A.R. y le dije:
========
ToTTó: "Buenos días Doctor A.R. No hablo Inglés. No se si usted me permite, Herminia es mi traductora."
A.R.: "Me avisaron. Bienvenidos a mi clase. Conozco a Herminia, fue una de mis mejores alumnas."

Antonio de Pórcel Flores Jaimes Freyre

Herminia: "Buenos días doctor. Será un placer volver a sus clases."
A.R. "Sé que ayudarás fácilmente con tus traducciones. Ya sabes que aprender filosofía es nada fácil."
Herminia: "No creo que Antonio necesite tomar su clase."
========
A.R. Muy sorprendido.
========
A.R.: "¿Cómo dice? Todos los candidatos requieren tomar mis clases. Usted bien lo sabe."
Herminia: "Si lo sé y es verdad. Pero usted no sabe que Antonio tiene una Maestría en Filosofía."
========
A. R. Sorprendido me preguntó:
========
A. R. "¿Tiene usted una maestría en filosofía? ¿Dónde estudio?"
ToTTó: "Seis años en la Universidad de la Paz, Bolivia. Filosofía y Psicología del arte en la Universidad de Madrid, España."
A. R. "Si es así. Usted no necesita tomar mi clase. Pero me gustaría que usted presenté una clase maestra, al final de cuatrimestre."
ToTTó: "Me gustaría mucho, pero no se hablar inglés."
A. R.: "Ese no es problema. Herminia puede traducirla. Ese es el único requisito que le pongo, para que apruebe mi clase. No es necesario que asista a mis clases."
ToTTó: "¿Quiere que prepare esa clase con anticipación."
A. R. "No es necesario. Mejor será que usted no la prepare. Es mejor que la improvisé. Quiero ver como lo hace."
ToTTó: "Está bien. No la prepararé. Me gusta improvisar. Es más natural así."
========
Después de esta reunión, Herminia me dijo:
========
Herminia: "Fácilmente te librarte de pasar sus clases."
ToTTó: "Yo no me libre. Fuiste tu la que me libraste."
Herminia: "Sólo hice ese comentario, para que él sepa. Me dijiste que estudiaste filosofía, en La Paz, pero no me dijiste que también estudiaste en Madrid. Cada vez me das una sorpresa. Poco a poco ya te voy conociendo. No sé que voy a hacer contigo."
========

Colección de Anécdotas Amoroso Sexuales Anécdotas: 26 a 33

Mis clases de Inglés en Stanford

No daban clases de Inglés en la facultad de Educación, ni en en la Facultad de Lingüística. Los estudiantes de doctorado eran americanos, dominaban el Inglés. De manera que no había un profesor de inglés. La clase de inglés la daban estudiantes de doctorado, en la escuela de Teatro y Artes escénicas. Mi profesora era una actriz, aspirante al doctorado, que sabía nada de enseñar idiomas.
========
ToTTó: "¿Herminia vas a ir conmigo a mi clase de inglés."
Herminia: "Sabes que no puedo. No necesitas traductora en esa clase. Pasaré al limpio mis notas de la clase de computación. Tu vas sólo."
ToTTó: "Bueno. Así lo haré."
========
Dos veces a la semana tenía mi clase de inglés, en el teatro. Así fue mi primera lección.
========
ToTTó: "Buenos días señorita. Vengo a pasar mi clase de Ingles."
La secretaria: "No hablo Español"
========
Le mostré mi horario de clases. Lo leyó. Me hizo una seña para que espere y otra para que me siente. Así lo hice. Espere largo tiempo. Vino una señorita, alta, buena moza, sonriendo. En mal español me dijo.
========
Ella: "Me llamo Alida. Soy tu profesora. Recién me lo han dicho. ¿Qué quieres hacer?"
ToTTó: "Mucho gusto de conocerla. Quiero aprender a hablar inglés."
Alida: " No sé enseñar inglés. Soy una actriz. Es mi último año para obtener mi doctorado en Coreografía y Dirección Teatral. Soy asistente del profesor L. M. Hablo muy bien en inglés, especialmente para actuar en el teatro."
ToTTó: "Me alegra saberlo. La felicito."
Alida: "Te pregunté: ¿Que quieres hacer? Me contestaste que quieres aprender a hablar en inglés. Eso ya lo sabía. ¿No quieres contestar mi pregunta?"

99

Antonio de Pórcel Flores Jaimes Freyre

ToTTó: "Perdóname. No quise ofenderte. Podemos hablar en inglés y en español. Practico mi ingles y tu practicas tu español. Me gusta mucho el teatro. Podemos hablar de una obra de teatro que te guste. ¿Conoces el drama: "Después de la Caída" de Arthur Miller?"
Alida: "¿Como es que conoces ese drama? Es muy difícil, uno de mis preferidos. Lo he estudiado a fondo. ¿Lo haz leído?"
ToTTó: "No lo he leído. Lo he visto representado."
Alida: "No te puedo creer. No sabes hablar inglés."
ToTTó: "Por favor, no me llames mentiroso. Te respeto porque eres mujer. Tu debes también respetarme."
Alida: "¡Ayayay! No quise ofenderte. Me sorprendiste."
ToTTó: "Está bien, te entiendo. Vi ese drama diez veces, en Madrid y en Barcelona, representado en español. Una magnífica representación. Es uno de mis favoritos."
========
Alida me miró muy sorprendida y me preguntó:
========
Alida: "¿Haz estudiado teatro en Madrid? Me han dicho que eres boliviano."
ToTTó: "Si soy boliviano. Estudié Psicología del Arte en la en la Facultad de Filosofía en Madrid. La clase de Psicología del Arte incluía análisis de representación teatral."
Alida: "No puedo ser tu profesora. Tu debes saber más que yo. Es una lástima, voy a perder lo que me pagan como asistente."
ToTTó: "Claro que puedes. No tengas miedo. Ya te dije. Tu practicas tu español y yo practico mi inglés."
Alida: "Eso me gusta. No se si lo aprobarán."
ToTTó: "Ya está aprobado en la Facultad de Educación. Si hay algún problema yo lo arreglo. No tienen que saber como me estás enseñando. Sólo tenemos que mostrar que pasamos todas las clases, no importa donde."
Alida: "¿No me han dicho dónde podemos pasar las clases?"
ToTTó: "Pasamos las clases en el teatro, viendo las representaciones, hablamos de ellas. Tu me hablas en ingles y yo te hablo en español."
Alida: "Eres un loco. Me gusta lo que dices. Nos vamos a divertir."
ToTTó: "Ten cuidado. No cuentes lo que estamos haciendo."

Alida: "Claro que no lo contaré. Diré que estamos pasando clases y mostrare el registro, cada semana."
ToTTó: "Una cosa más. Si quieres seguir siendo mi profesora los cuatrimestres que vienen, me aplazas y tengo que repetir el curso."
Alida: "¿Quieres que te aplace, para que siga siendo tu profesora?"
ToTTó: "Eso mismo. Seguimos practicando y tu sigues ganando como asistente, hasta que obtengas tu doctorado. Así vas a perfeccionar tu español y yo mi inglés. Eso es lo importante. Cómo lo hacemos, no tiene importancia."
Alida: "Ahora si que estoy convencida que eres un loco."
ToTTó: "Si estás convencida, hasta podemos hacer unas locuras juntos. Ja. Ja. Ja."
Alida: "No sea atrevido. Me haz dicho que me respetas."
ToTTó: "Hay locuras buenas e inocentes. A eso me refiero. No seas mal pensada. Claro que te respeto. Mi Mamá me ha enseñando desde que era chico, a respetar a la mujer, no importa lo que ella haga, diga, de dónde viene. Mi mamá me repetía muchas veces: 'Hijo tienes que respetar a la mujer como respetas a tu madre.' Por que eres mujer, te prometo que siempre te diré la verdad."
Alida: "No soy mal pensada. Estoy acostumbrada a que los hombres quieran tomar ventaja. Creen que ser actriz les da derecho a tratarte como si fuera una prostituta."
ToTTó: "No me llama la atención. Eres una linda mujer. Los hombres no ven con los ojos, ellos ven con el pene."
Alida: "Eres franco. No nos conocemos y ya dices esas palabras."
ToTTó: "Las palabras no son buenas ni malas. Cada cosa tiene su nombre. Son las intenciones que pueden ser buenas o malas."
Alida: "Tienes razón. No debía sorpréndeme. Vengo de una familia muy religiosa. Mi familia no aprueba que estudie teatro."
ToTTó: "Esas son algunas limitaciones que tenemos. Cuando estamos juntos, puedes hacer y decir todo lo que quieras, con entera libertad. Puedes dar rienda suelta a tus sentimientos, a tus emociones. Decirme lo que quieras sin tener miedo. Quiero que seas y te sientas tranquila y feliz. Una persona es feliz cuando tiene al libertad de ser como es, sin tener miedo al mundo."
Alida: "Eso puedo hacer en el teatro. Por eso me gusta ser actriz. ¿Dices que lo puedo hacerlo cuando estoy contigo?"
ToTTó: "Eso mismo es lo que digo. Eres una mujer libre."

Antonio de Pórcel Flores Jaimes Freyre

Alida: "Eres un hombre diferente. Eso me gusta."
ToTTó: "A mi me gusta que seas mi profesora de inglés."
========
Conté a Herminia, con detalle el encuentro con Alida, mi profesora de inglés:
========
Herminia: "¿Cómo te fue con tu profesora de Inglés?"
ToTTó: "Es una actriz. Esta en su último año de doctorado en Artes Escénicas. No sabe enseñar Inglés, pero habla bastante Español."
Herminia: "¿Cómo puede ser tu profesora si no sabe enseñar?"
ToTTó: "No se si te haz dado cuenta. Muchos de los profesores que tenemos son expertos en su materia, pero no saben enseñar, ¿Por que te sorprendes?"
Herminia: "En eso tienes razón. ¿Entonces que van a hacer?"
ToTTó: "Vamos a pasar clases en el teatro, viendo las representaciones y los ensayos. Vamos a conversar haciendo criticas. Ella en Español y yo en inglés. Así practicamos los dos idiomas."
Herminia: "Eres un loco. No creo que aprueben eso."
ToTTó: "No tienen que saber. Además cada profesor enseña como quiere. Pero mejor en que no lo sepan. No lo comentes."
Herminia: "Claro que no lo voy a comentar. ¿Cómo se te ocurre decirme eso?"
ToTTó: "No te me enojes. Algunas veces hacemos cosas sin darnos cuenta."
Herminia: "Eso si. Tienes razón. Es mejor estar prevenida. ¿Cómo se llama?
ToTTó: "Alida."
Herminia: "No es un nombre muy común. ¿Te gusta como mujer?"
ToTTó: "Es una linda mujer, no cabe duda. No sé si me gusta o no. Quisiera que la conozcas. Que vayas con nosotros al teatro."
Herminia: "Me gustaría conocerla, pero no puedo ir con ustedes al teatro."
ToTTó: "Puedes ir de vez en cuando, no tenemos que trabajar todo el tiempo. No tenemos apuro, cuanto más tardes en terminar tu disertación, más tiempo vamos a estar juntos."
Herminia: "Otra vez tienes razón. Me estoy cansando de darte la razón. Ja. Ja. Ja. No te vayas a creer superior. Te lo aconsejo."

ToTTó: "Cómo tu quieras Princesa."
Herminia: "No te descuides. Un día de estos voy a ser tu "Princesa.""
ToTTó: "Entonces estaré descuidado todo el tiempo. Ja. Ja. Ja."
Herminia: "No seas atrevido. Dame un beso.
ToTTó: "Me dices que no sea atrevido. ¿Crees que pueda atreverme a darte un beso?"
Herminia: "No es necesario, Yo te beso y listo."
========
Nos besamos por primera vez, pero no fue la última. *¿Qué pasó con Herminia? Está es otra anécdota digna de otro capítulo.)*

Mi Primera Clase de Inglés

En mi primera clase de inglés, invité a Alida, la actriz que era mi profesora, a pasar la clase en la cafetería. Sorprendida, después de pensarlo un momento, me dijo:
========
Alida: "¿Quieres pasar la clase en la cafetería? Estás loco. Nos van a ver. No creo que sea prudente."
ToTTó: "El miedo es un terrible freno, no te deja hacer lo que realmente quieres. ¿Crees que si nos ven, te vas a derretir?"
Alida: "Eres ocurrente. ¿A quién se le ocurre decir esa tontera?"
ToTTó: "Si nos ven, no creo que te derritas, pero el miedo te puede derretir. Piénsalo."
Alida: "Ya basta. No tengo miedo que nos vean. Sólo que quiero ser prudente."
ToTTó: "Vamos a la cafetería como dos buenos amigos. Quiero que conozcas a mi amiga Herminia. Ella nos va encontrar allí. Quiere conocerte."
Alida: "Entonces no será tu clase de inglés. No puedo incluirla en nuestro horario."
ToTTó: "No te preocupes tanto por el horario, a nadie le interesa. Te dije que conmigo puedes hacer lo que quieras y no hacer aquello que no quieres. Si no quieres ir, está bien. Tengo hambre. Voy a la cafetería. Hacemos la clase más tarde o mañana, cuando tu quieras."
========
Alida se quedó pensando, un poco indecisa.

Antonio de Pórcel Flores Jaimes Freyre

========

Alida: "Me estás empujando a hacer lo que quiero. Yo también tengo hambre. Me gustaría conocer a tu amiga. ¡Qué tonta soy! Haremos la prueba, si me preguntan les digo la verdad sin miedo. Vamos.

========

En la cafetería Herminia nos estaba esperando. Cuando nos vio, se acerco y me dio un beso. Luego sonriendo, besó a Alida en las dos mejillas estilo latino. Alida se quedó parada, sin moverse. Herminia le dijo:

========

Herminia: "No te asustes. Es la forma de saludar brasilera, un signo de amistad. Quiero ser amiga tuya."
Alida: "Me sorprendiste. No tengo amigas latinas. No sabia. Vengo de una familia muy religiosa, eso no se acostumbra. Tengo mucho que aprender. Yo también quiero ser tu amiga."

========

Sin decir más, Alida plantó dos besos en las mejillas a Herminia, que se quedó quieta, asombrada.

========

Herminia: "Aprendes rápido. Gracias."
Alida: "Eres buena profesora."

========

Nos sentamos a tomar desayuno. Las dos bellas mujeres, se pusieron a conversar en inglés, haciendo caso omiso de mi presencia. Por las señas y las risitas, me di cuenta que hablaban de mi persona. Esa fue mi primera clase de ingles.

Mas tarde, cuando Herminia me llevó a la estación del tren, me dijo:

========

Herminia: "Me gusta Alida. Es sencilla y muy franca. Me dijo que no sabe que hacer contigo, que eres diferente. Creo que no tiene mucha experiencia con hombres como tu. La mayor parte del tiempo no sabe que hacer contigo. Me pidió que le enseñe como tratar a hombres latinos. Le dije que tu no eres como ellos, que tenga confianza contigo, sea sincera y haga lo que quiera, sin miedo. Eso me lo enseñaste tu. Se puso muy contenta."

Colección de Anécdotas Amoroso Sexuales Anécdotas: 26 a 33

ToTTó: "Me alegro que sean amigas. Estaban conversando muy contentas, sin hacerme caso."
Herminia: "Me preguntó si somos novios, por que te besé. Le dije que somos amigos. Luego me preguntó si es la costumbre latina besar a los hombres amigos en la boca. Le dije que no, que te beso por que quiero hacerlo y a ti te gusta que te bese."
ToTTó: "¿Le dijiste eso?"
Herminia: "Ja. Ja. Ja. Seguro que se va enamorar de ti. Es muy delicada y frágil. Prométeme que no la vas a lastimar."
ToTTó: "¿Como se te ocurre que la voy a lastimar?"
Herminia: "Por favor, no te pongas así. Se que no lastimas a persona alguna. Pero eres un despistado. A veces dices y haces bromas que ella no va entender. Eso la puede lastimar. Sólo tienes que tener cuidado."
ToTTó: "Ahora te entiendo. Disculpa mi reacción. Tienes razón, soy un despistado. Tendré cuidado de no lastimarla. Gracias por hacerme notar esto."
Herminia: "Todo esta bien, no te preocupes. Nos vemos mañana."
========
El Teatro y Alida, mi Profesora de Inglés

Tenía dos clases semanales con Alida. La segunda clase fuimos al teatro a ver un ensayo. No sentamos el platea, como dos buenos amigos. Como no entendía el dialogo, puse mi atención en actuación. Noté que la actuación no era muy interesante. El actor que hablaba actuaba un poco, la actriz se quedaba, casi inmóvil escuchando, esperando que llegue su turno para hablar."

Tomé notas de lo que veía. Alida me miraba un poco sorprendida. Terminó la actuación. Me preguntó:
========
Alida: "¿Que hacemos ahora?"
ToTTó: "Vamos a la cafetería. Comemos algo, tomamos en un rico café y discutimos lo que hemos visto."
Alida: "Ya sé que eres un loco. Te gusta ir a la cafetería. ¿Qué estabas escribiendo?"
ToTTó: "Seguimos la clase en la cafetería. Allá te mostraré. Vamos."

Antonio de Pórcel Flores Jaimes Freyre

Después de comer unos emparedados y tomar café, continuamos la clase.
========
ToTTó: "Ahora podemos seguir la clase. Me preguntaste que estaba escribiendo. Quiero que leas mis notas."
========
Le di mi cuadernillo y me dijo:
========
Alida: ¿Cómo quieres que lo lea y lo entienda, esta escrito en español."
ToTTó: "Te acuerdas que te dije que tu practicas tu español y yo mi inglés."
Alida: "Si me acuerdo. ¿Cómo vas a practicar inglés haciéndome leer lo que escribes en español? No te entiendo. Tengo el texto que me han dado para la clase, por qué lo usamos?"
ToTTó: "Porque no sirve. Lees lo que he escrito. Escribes en ingles lo que haz entendido y me lo das para que yo lo lea y lo escriba en español."
Alida: Si hacemos eso, sólo practicamos leer y escribir. No practicamos hablar y entender lo que hablamos."
ToTTó: "Tenemos que leer varias veces, en voz alta. Escribo en español y tu escribes en ingles. Luego discutimos primero en ingles y después en español."
Alida: "Parece complicado. ¿Dónde haz aprendido eso?"
ToTTó: "No lo he aprendido. Me lo he imaginado. Creo que va a funcionar. Tenemos que probar. Podemos probar para ver si funciona. ¿Quieres hacerlo?"
Alida: "Está bien, como quieras, tu eres el profesor."
========
Así lo hicimos. Alida leyó, varis veces, en voz alta lo que escribí en el teatro. Mientras leía yo iba corrigiendo su pronunciación.
========
ToTTó: "Estás leyendo bastante bien es texto en español. Ahora tienes que escribir en inglés, lo que haz entendido. Luego, leo lo que haz escrito en ingles y lo escribo en español."
========
Le di su cuadernillo y una lapicera nueva.
========

106

Colección de Anécdotas Amoroso Sexuales Anécdotas: 26 a 33

ToTTó: "Toma, ese es tu cuadernillo. Si te preguntan como enseñas muestras tu cuadernillo y el mío."
Alida: "Qué buena idea. Así es mejor. Voy a mostrarles los dos cuadernillos, cada semana. Gracias a ti. Me gusta mas lo que estamos haciendo, que usar ese texto."
========
En clase siguiente, me dijo:
========
Alida: "Sabes. En mi clase de coreografía teatral, presenté la critica que escribiste acerca de la falta de actuación. El profesor me felicitó. ¿Sabes mucho de teatro?"
ToTTó: "He visto mucho teatro en Madrid. Pero no se la teoría."
Alida: "¿Cómo es que escribiste esa critica?"
ToTTó: "Tu eres una actriz, entonces tienes que saber actuar. Si no actúas y sólo hablas, es aburrido. Especialmente si no se entiende lo que dices. Creo que en el teatro es más importante la actuación, que el diálogo y las palabras."
Alida: "Eso es nuevo para mi. No me han enseñado eso. Dicen que lo más importante es aprender el diálogo de memoria."
ToTTó: "Sólo es mi opinión."
Alida: "¿Sabes actuar?"
ToTTó: "Creo que puedo actuar. En la escuela, cuando era chico, actuaba mis chistes, para hacer reír a mis amigos, con mis payasadas. Eso les gustaba."
Alida: "Quisiera verte actuar."
ToTTó: "Haremos la prueba. Para la próxima clase, traes algo que tu conoces, escrito en español. Voy a representarlo, voy a actuar primero, sin pablaras y luego con palabras. ¿Qué te parece?"
Alida: "Me encanta la idea. Tienes buenas ideas. Practicamos los dos idiomas y hacemos teatro. ¡Qué lindo!"
========
Le gustó tanto mi manera de actuar que me pidió que la viera actuar y corrigiera, si encontraba algún defecto. En realidad hicimos más teatro que clase de inglés. Aprendí mucho de ella y ella de mi. A los pocos días, Herminia me dijo.
========
Herminia: "Ayer he almorzado con Alida."
ToTTó: "No me digas. Me gusta mucho que sean amigas."

Antonio de Pórcel Flores Jaimes Freyre

Herminia: "Sé que te va a gustar lo que me dijo. Está enamorada de ti, como yo lo estoy. Eres imposible. Se te pegan las mujeres."
ToTTó: "Mira quien habla. Ja. Ja. Ja."
Herminia: "No te rías. Tu tienes la culpa."
ToTTó: "¿Por qué dices eso?"
Herminia: "Mejor te lo digo. Hoy hablé con Maru, tu esposa."
ToTTó: "Me alegro que hayas hablado con las dos."
Herminia: "Estaba muy curiosa al ver como Alida te contempla. Quería saber más de ti, pero no quería preguntarte."
ToTTó: "¿Por qué no querías? Sabes que siempre digo la verdad."
Herminia: "Eso ya lo sé. Quería conocer a tu esposa y saber lo que ella piensa. La llamé a su oficina. Almorzamos juntas. Me contó como eres. Ella sabe que estamos enamorados. Dijo que tu le cuentas todo, porque la respetas y ella te respeta. Me dijo que no es celosa, que si estamos felices ella se alegra. Casi me hace llorar. Nos hicimos amigas. Maru es una bella persona, tienes mucha suerte."
ToTTó: " Maru sabe todo lo que hago, se lo digo antes de hacerlo. No nos engañamos, somos felicites. Ella es libre de hacer lo que quiera, como soy yo. Nos ayudamos mutuamente."
Herminia: "Tu no me dijiste eso."
ToTTó: " Perdóname si no te lo dije antes. No hubo ocasión para decírtelo. No lo estaba ocultando. Estamos esperando que nos den un departamento en la sección para familias, vamos a vivir acá. Pensaba que entonces conocerías a Maru. Me alegra que la conozcas ahora."
Herminia: "Eso me dijo ella. Además se que eres un despistado."
ToTTó: "Un despistado que te quiere mucho y es feliz contigo."
Herminia: "También hablamos de Alida. Le dije que creo que está enamorada de ti. Se rió a carcajadas. Me dijo que ella lo estaba esperando. Me dijo que tu eres así, que no buscas mujeres, porque no tienes necesidad de hacerlo, que eras así cuando estaban de novios, antes de que se casen y que sigues así. Ja. Ja. Ja. Te conoce muy bien. Dice que quiere conocer a Alida. Si Maru, tu esposa no está celosa, yo tampoco lo estoy."
========

Pasaron varias semanas. Era de admirar lo rápido que ella estaba aprendiendo español. Yo también estaba mejorando mi inglés.

Un día Alida, durante la clase, me besó. Luego me dijo:
========
Alida: "Te acuerdas que la vez que conocí a Herminia, ella te besó, me dijo que te besaba porque ella quería besarte y que a ti te gusta."
ToTTó: "Siempre me besa. No me acuerdo lo que dijo."
Alida: "Hoy te besé porque quise besarte. ¿Te gustó?"
ToTTó: "Me gustó mucho. ¿Cómo aprendiste a besar? ¿Haz besado a muchos hombres?"
Alida: "No seas atrevido. No he besado a muchos hombres. He aprendido a besar en teoría, en el teatro. Tenía miedo de hacerlo. Maru y Herminia me han animado."
ToTTó: "¿Qué dices?"
Alida: "No te hagas el sonso. Las tres somos amigas. Se como eres y como lo haces. Estoy enamorada de ti. Eres un despistado. Ellas me han dicho que estoy perdiendo mi tiempo, esperando que tu me lo digas. Tu me has dicho que soy libre y puedo hacer lo que quiero. Si quiero besarte, te beso. No me importa lo que digan."
ToTTó: "No me sorprendes. Eres libre y me gusta mucho que me beses. Yo también me estoy enamorado ti."
Alida: "¡Qué lindo! Me gusta eso, ahora somos amantes. Maru y Herminia se van a poner felices. Les voy a contar que me he animado a besarte y que te ha gustado." {*¿Qué pasó con Alina? Está es otra historia digna de otra anécdota.*}
========
Mis lectores se preguntarán:
¿Por qué la mujer, cuando se siente libre y confía en si misma, se anima a hacer lo que quiere abiertamente, sin tener que ocultarlo, ni disimularlo, sin que le importe lo que digan?
Mi respuesta es:
La mujer, al sentirse libre de las ataduras y de las prohibiciones del machismo que domina la sociedad, pierde el miedo y se muestra tal y como es. No le importa lo que dicen. Ya no tiene la necesidad de hacer lo que no quiere, solamente para satisfacer al hombre. Ya no tiene la obligación de bajar la cabeza y aceptar lo que no quiere aceptar. Esa libertad le enseña a respetarse a si misma, a respetar sus sentimientos, emociones, sus voluntades y su manera de ser. Todo esto es necesario para que una persona aprenda a respetar a si misma y a los demás. Sin libertad no hay, ni puede haber respeto.

Antonio de Pórcel Flores Jaimes Freyre

En Noviembre del 1968, vivíamos en San Francisco. Maru trabajaba en el Banco de America. Yo viajaba a Stanford en tren. Hemina me recogía y me llevaba al tren. Maru y yo, estábamos esperando que nos den un departamento en Stanford.

No pudimos seguir esperando por ese departamento, porque a Maru la Asaltaron en San Francisco. Entonces, fuimos a Vivir en Menlo Park, cerca de Stanford. Ya les cuento como ocurrió esto.

Un sábado, Maru y mi hijo Nicolás fueron a repartir bolsas de comida, que el banco regalaba a las familias pobres del barrio donde vivíamos. Antes de salir le dije a Maru:
========
ToTTó: "Creo que no es oportuno que vayas a repartir esas bolsas, Este barrio es peligroso. No conoces el vecindario. Creo que debes esperar un poco. Ver si alguien de confianza puede ir contigo."
Maru: "Qué chistoso eres. Son bolsas de comida no se puede esperar. Me he comprometido. No te preocupes. Sólo son una cuantas bolsas. Emilio me lleva, me deja y me recoge. No tardaré mucho."
ToTTó: "¿No se va quedar Emilio contigo a ayudarte? ¿Cómo vas a llevar esas bolsas?"
Maru: "Emilio no se puede quedar, me va a recoger en dos horas. Llevo las bolsas en el carrito Rojo que la Mami usa para la tienda. No son muchas bolsas. Te estás preocupando sin motivo."
ToTTó: "Es mejor que yo vaya contigo."
Maru: "No es necesario. Iré con Nicolita y Pepe. Te quedas con Cecilia."
ToTTó: "Aunque no me parece bien, anda si así lo quieres. Ten cuidado. Tu eres muy amigable. Te repito, este barrio es peligroso."
Maru: "Siempre dices que no hay que tener miedo. Que si tengo miedo, tengo que hacer lo que me da miedo, para vencerlo."
========
A la hora, Maru, muy asustada llegó con los chicos, sin el carrito, en un auto de la policía. Un hombre con un revolver había amenazado a Maru y a los chicos. Le quito el carrito, su cartera. Varios vecinos salieron a ayudarla. El hombre se escapo con el carrito y las bolsas. Por suerte, salieron los vecinos y llamaron a la policía.

Pregunté al policía:
========
ToTTó: "¿Puede decirme qué pasó?"
El Policía: "Señor. Vaya a la estación. Pida una copia del informe."
ToTTó: "Muchas gracias por su ayuda. Así lo haré."
========
Maru ya no quería quedarse a vivir en ese barrio.
========
Maru: "Soy una tonta confiada. Tenías razón. Me he pegado el susto de mi vida. Felizmente salieron los vecinos, el hombre se asusto. No podemos seguir viviendo en este barrio. Tienes que hacer algo. Me dijiste que nos va a dar un departamento en Stanford."
ToTTó: "El lunes voy hablar en con el decano en Stanford. Le contaré lo que ha pasado. Es probable que nos ayuden."
========
Ese lunes Herminia me ayudó a contar a la secretaría del decano lo que había pasado. De inmediato, el Decano habló con el departamento de vivienda de estudiantes. No había vacancia en Stanford todavía, teníamos que esperar. Como la situación era peligrosa, nos dieron un departamento, en lo que era años antes, las viviendas para familias. Unos departamentos viejos, en la cuidad de Menlo Park. Tres familias de estudiantes vivían ahí. No mudamos esa misma semana. El departamento estaba habitable. Lo limpiaron y lo amueblaron. Me llamó la atención que el en patio habían muchos baldes. Era época de lluvias. Cuando empezó a llover, había goteras por todo lado. Me di cuenta para que servían esos baldes.

Menlo Park esta bastante cerca de Stanford, pero lejos de San Francisco. Maru tenía que ir y venir todos los días. Emilio nos garantizó y compramos al crédito, una vagoneta Volkswagen camper, muy cómoda, con el techo plegable, cuatro camas, etc. etc. Usamos esa vagoneta durante todos esos años para acampar en las playas.
En Febrero del 1969 nos cambiamos a un departamento de tres dormitorios en Stanford.

Fin de la Anécdota
\> > > > > > * * * * * * < < < < < <

111

Antonio de Pórcel Flores Jaimes Freyre

La mujer,

al sentirse libre de las ataduras

y de las prohibiciones del machismo

que domina la sociedad:

Pierde el Miedo

y

se muestra al mundo

Tal y Como es.

Sin libertad

no hay, ni puede haber

Respeto

Anécdota 30 (V03-C23)
Maru - María - Ronda - Martita - Ann
(1974)
Stanford California
Maru se Divorcia de un Bohemio

"Después que Maru se divorció de mi, decidí no volverme a casar jamás. Sin embargo me volví a casar. Anécdota de mi segundo matrimonio con Eva. *{Biografía de un Bohemio Despistado; Volumen 1; Capítulo 08; Página 89; (1985)}*
>>>>>>>>
En 1968, cuando decidí emigrar con mi familia a California, para seguir con el tratamiento de polio de mi hija. Maru no quería viajar conmigo. Tuve que obligarla, diciéndole que yo viajaría con mi hija y que, si ella quería quedarse en la Paz, podía hacerlo.

Maru tenía pocos días para tomar esa decisión. Yo ya había comprado los pasajes, arreglado todos los papeles de emigración, hecho el itinerario de viaje y los arreglos para que Mami Lara, buena amiga de la familia, nos esperara en San Francisco. *(¿Cómo hice esos trámites difíciles en pocos días y conseguí las visas? {Biografía de un Bohemio Despistado; Volumen 6; Capítulo 49; Página 59-74; (1968)}.*

Maru decidió viajar conmigo, mi hijo Nicolás de 9 años y mi hija Cecilia de 6 años. Me gusta viajar haciendo etapas, conociendo ciudades, viajamos a Lima por dos días. Paramos en el aeropuerto de Bogotá por varias horas, en Panamá por un día, en Ciudad de México por dos días. En Los Ángeles presentamos los papeles de emigrantes y, de inmediato, volamos a San Francisco, nuestro destino final.

Teníamos poco dinero, pero felizmente Mami Lara nos ofreció un cuarto en su departamento, donde nos quedamos un mes. Maru consiguió trabajo en un banco. Se desocupó un pequeño departamento en el segundo piso y nos cambiamos ahí.
No conocía la Bahía de San Francisco ni sabía hablar ingles, pero podía leerlo bastante bien.

113

Antonio de Pórcel Flores Jaimes Freyre

No podía conseguir un buen trabajo, decidí volver a la universidad y tratar de revalidar mis títulos de: Licenciado en Filosofía y Letras de la Universidad de San Andrés, en La Paz y mi título de Psicología de la universidad de Madrid.

Tengo mucha suerte porque, en agosto de 1968, me aceptaron en la Universidad de Stanford, en la facultad de Educación, en un programa de doctorado. Quería obtener mi doctorado PH.D. en Psicología de la Educación. { *Biografía de un Bohemio Despistado; Volumen 4 ; Capítulo 34; Páginas 37-58*} En octubre nos cambiamos a un buen apartamento, espacial para familias de estudiantes, en la universidad de Stanford.

En el verano de 1972, Maru viajó de vacaciones a La Paz, con Nicolás. Me quedé con Cecilia en Stanford trabajando en mi Departamento. {*Biografía de un Bohemio Despistado; Volumen 9 ; Capítulo 62 ; Página 65-86 ; (1972)*}. Entonces prometí a Cecilia llevarla, en mi próximo viaje. En 1974, ofrecí a Cecilia llevarla a España, pero Maru no quiso que Cecilia viaje. Mi sobrina Lilian y Ronda viajaron a España. {*Biografía de un Bohemio Despistado; Volumen 9; Capítulo 66; Página 153-181; (1974)*}.

A Maru no le gustaba vivir en California, soñaba con volver a La Paz. Eso era fácil de comprender porque ella quería volver. No teníamos las comodidades a las que ella estaba acostumbrada. vivíamos como estudiantes. El dinero nos alcanzaba para los gastos necesarios y nada más. Viviendo en La Paz, Maru tenía una situación de lujo, que extrañaba.
En mayo de 1973, Maru decidió volver a La Paz. Empacó todas sus cosas y viajó, con los chicos, sin intención de volver a vivir en California. En Junio, dos días antes de mi cumpleaños, los llevé al aeropuerto de San Francisco. No hablamos de divorcio. Era cuestión de tiempo. Además su familia seguía insistiendo, tratando de separarnos.

Es probable que Maru, pensó divorciarse en verano de 1973. Intuía que ese día llegaría. En 1959, a los pocos días de estar casados, prometí a Maru, que no me iba a divorciar de ella. Si ella quería el divorcio, ella tenía que iniciarlo. Durante los quince años que vivimos juntos, sabía que podía hacer su voluntad. Maru era completamente libre, podía hacer lo que le venga en gana.

Colección de Anécdotas Amoroso Sexuales Anécdotas: 26 a 33

En noviembre de 1973, el congreso Americano me concedió la beca especial de: 'Senior Fulbright Scholar", como profesor universitario, para enseñar Psicología Educativa, a un grupo selecto de profesores, en España. Debía viajar a España en enero 1974. *{Biografía de un Bohemio Despistado; Volumen 9; Capítulo 66; Página 53-181; (1974)}*

La Rehabilitación de mi hija Cecilia

En 1972 la rehabilitación de Cecilia en el hospital de San Francisco, estaba yendo muy bien, no tenía citas en el hospital. En 1973 Maru decidió volver a vivir en Bolivia. Cecilia estaba viviendo en La Paz. En Enero de 1974, Maru sabía que tenía que volver a California, porque Cecilia tenía una consulta en el hospital en San Francisco.

En Diciembre de 1973, Maru llegó a San Francisco con Cecilia. Las recogí en el aeropuerto y las llevé a la casa de su amiga Ann, donde debían alojarse.

Al día siguiente, Maru me pidió que las llevara al hospital. Cecilia se quedó dos días en el hospital. Fuimos con Maru a recogerla del hospital. No era buen tiempo para la operación. Tenia que esperar.

Dije a Cecilia que íbamos a viajar España, como le había prometido. Compré dos pasajes: uno para Cecilia y otro para Ronda que debía viajar con Cecilia. Los pasajes eran: San Francisco, Nueva York, Madrid, Santiago de Compostela. Mi itinerario de viaje era diferente. Debía viajar unos días antes a Washington, antes de partir a Madrid. Las iba a esperar en Santiago de Compostela. Cecilia quería viajar conmigo, Maru se opuso, Cecilia no viajó.
Tenía que devolver un pasaje. Lilian mi sobrina que vivía con nosotros, quería viajar a España, si ponía cambiar el pasaje a su nombre, fue fácil cambiarlo. Ronda viajó con Lilian.

Mis clases en España, terminaron a mediados de Agosto de 1974. Aprovechamos para viajar a diferentes ciudades de España e ir a Paris. Ronda y Lilian volvieron a San Francisco, me quedé en Paris, tratando de vender la furgoneta, antes de volver a San Francisco..*)*

Antonio de Pórcel Flores Jaimes Freyre

Maru y Cecilia seguían viviendo en casa de Ann. Un día Maru me llamó por teléfono diciendo:
========
Maru: "Tengo que hablar seriamente contigo."
ToTTó: "¿Cuándo quieres hacerlo?"
Maru: "De inmediato. Si es posible hoy mismo."
ToTTó: "[*Estaba un poco preocupado, pensando que se trataba de Cecilia*] "¿Están bien? ¿Necesitan algo? ¿Que está pasando?"
Maru: "Estoy muy bien."
ToTTó: "Esa es buena noticia. Dime dónde y a qué hora nos encontramos."
Maru: "Mi amiga Ann, a las cinco, me va a llevar al Dennis, donde solíamos ir con los chichos."
ToTTó: "Las espero ahí."
Maru: "Quiero hablar contigo a solas. Ann me lleva y me recoge."
ToTTó: "No es necesario que ella te recoja. Te puedo llevar donde tu quieras."
Maru: "Si. Es necesario, ella me va a recoger. No vemos allá. Por favor se puntual. Tengo un compromiso más tarde."
ToTTó: "Estaré esperando a las cinco menos cuarto, en Dennis. Será un placer conversar contigo."
Maru: "No estés muy seguro que será un placer."
========
Me quedé pensando. Sospechaba que Maru quería algo más personal, que no se trataba de Cecilia.

A las cinco menos cuarto, estaba en Dennis tomando un café que no era muy bueno. Maru llegó justo a las cinco. Entro a prisa. Se veía un poco excitada, nerviosa. Muy elegante, como si tuviera que ir a una fiesta. Me acordé que dijo que tenía un compromiso.

Me paré y fui a recibirla. No me dio el beso acostumbrado. No se sentó a mi lado. Seria frente a mi."
========
ToTTó: "Estás muy linda y muy elegante. Un placer de verte. Cuando volví de España, te llamé varias veces, dejé encargos. No se si e dieron mis mensajes."
Maru: "Ya se. Me los dieron."
ToTTó "Humm! ¿Como estás""

116

Maru: "Ya me ves. Estoy muy bien."
ToTTó: "¿De qué quieres hablar conmigo, con tanta urgencia?"
Maru: "No sé como empezar. Llevo prisa, estoy un poco atrasada. ¿Por qué no me ayudas?"
ToTTó: "¿Cómo puedo ayudarte si no se de que se trata?"
Maru: "Se trata de nosotros."
ToTTó: "Déjame adivinar. ¿Quieres que nos divorciemos?"
Maru: "Si. Eso es lo que quiero. A eso he venido hablar contigo. Tengo miedo, no quiero que te enojes conmigo."
ToTTó: "No me voy a enojar. Sabes que te quiero y quiero que seas feliz. ¿Te acuerdas cuando volvíamos de Copacabana, en ese colectivo, que te prometí que yo no me divorciaré de ti?"
Maru: "¡Cómo crees que puedo olvidarlo! Me dijiste que sería yo quien te lo pida. Ahora te lo estoy pidiendo. Por favor, no me preguntes porque."
ToTTó: "No necesito saber porque. Lo único que quisiera saber es que eres feliz haciendo lo que tu quieras. Inicia el divorcio. Firmaré todos los papeles necesarios."
Maru: "¿Si nos divorciamos, me seguirás queriendo como antes?"
ToTTó: "Siempre te seguiré queriendo."
Maru: "Entonces seguimos como amigos. ¿Verdad?"
ToTTó: "Claro que si. Seguimos como amigos. Siempre seremos amigos, de eso no tienes que preocuparte."
Maru: "Ahora estoy más tranquila."
ToTTó: "Eso es lo que más me importa. Que estés tranquila y feliz. Recuérdalo siempre."
Maru: "Tengo que irme, estoy atrasada. Ann no viene todavía."
ToTTó: "Llámala que no venga. Te llevo donde quieras."
Maru: "Espérame, hay un teléfono afuera. Ahora la llamo."
========
Salió casi corriendo. Pagué la cuenta y salí. Maru estaba hablando por teléfono.

Pasó un mes de nuestra conversación sin tener noticias de Maru. Sabia que seguía viviendo en lo Ann. Pensé que quizás ella decidió en contra del divorcio. Estaba equivocado, como es mi costumbre.

Un día de esos, Maru me llamó, para hablarme del divorcio.

117

Antonio de Pórcel Flores Jaimes Freyre

========
Maru: "Los papeles del divorcio están listos. El abogado quiere que los vengas a firmar a su oficina."
ToTTó: "Estoy trabajando en American Institute. Si es posible, que me los mande por correo."
Maru: "Por correo van a tardar. Es mejor que me lleves a su oficina, los firmamos allá."
ToTTó: "¿Cuando quieres hacerlo?"
Maru: "Puedes recogerme hoy día. Ann no me puede llevar."
ToTTó: "Tengo una reunión esta tarde. Podemos ir después de las cinco. "¿Dónde quieres que te recoja?"
Maru: "¿Conoces la casa de Ann?" *(Lo que pasó con Ann es otra anécdota digna de otro capítulo).*
ToTTó; "Si, te puedo recoger a las cinco y media."
Maru: "Está bien, te espero."
========
Llegamos donde su abogado. Maru me presentó como su esposo. El abogado estaba sorprendido de verme.
========
Maru: "Buenas tardes, disculpe que estamos un poco atrasados. Le presento a Antonio, mi esposo. Ha venido a firmar los papeles del divorcio."
El Abogado: "¡Su esposo! Me sorprende señora. Le aconsejé que trate de alejarse de su esposo. Por lo visto usted no toma muy en serios mis consejos."
Maru: "Usted tranquilo. Sé lo que hago. ¿Dónde están esos benditos papeles? No queremos abusar de su tiempo."
========
Sin decir palabra, firmé los documentos. El abogado quedó sorprendido viendo que no los leí. Rápidamente los ocultó dentro de la carpeta.
========
Maru: "¿Es eso todo?"
El Abogado: "Si, señora, es todo, por ahora. Le avisaré cuando tenga usted que presentarse en la corte."
Maru: "¿Presentarme en la corte? ¿Para qué?"
El abogado: "Para finalizar su divorcio delante del Juez."
Maru: "Eso no me gusta."

Colección de Anécdotas Amoroso Sexuales Anécdotas: 26 a 33

El abogado: "Le guste o no, si quiere divorciarse, tiene que hacerlo, es la ley."
Maru: "ToTTó, ahora dice que tengo que presentarme en la corte. Me vas a acompañar. ¿Verdad?"
ToTTó: "Claro que voy contigo, pero tienes que avisarme con antelación, no vaya a ser que esté de viaje, en esa fecha."
Maru: "Te aviso y si tienes que hacer algo urgente, lo cancelas y listo."
========
Llego el día de la corte. Justo cuando tenía que viajar a San Antonio en Texas. Era urgente mi viaje. Mi secretaria me dijo que era imposible cambiar la fecha. Me acordé lo que Maru dijo, antes de casarnos:

Maru: "No hay algo imposible para mi". Fueron sus palabras.

Marivela, mi nueva secretaria, me comunicó que Maru había llamado con urgencia y dejado este encargo:
========
Marivela: "Disculpe que lo interrumpa Doctor. Sé que está ocupado. Su esposa dejó un mensaje diciendo que mañana tiene que acompañarla al juzgado. Usted tiene listo su pasaje para viajar a San Antonio , Texas. ¿Que debo hacer?" {*AutoBiografía de un Bohemio Despistado; Volumen 9; Capítulo 63; Páginas 87-122*}
========
Pedí a Marivela que me comunique con el Superintendente de las escuelas de San Antonio, Texas.
========
ToTTó: "Gracias Marívela. Entonces no puedo viajar. Por favor, trate de comunicarme con el Superintendente en San Antonio."
Marivela: "Haré la prueba Doctor. Ayer traté varias veces. Su secretaría me dijo que él estaba muy ocupado."
========
Cuando Marívela logró comunicarse, me avisó:
========
Marivela: "Doctor, el señor superintendente está enfermo. Lo comunico son su secretario. Espere un momento por favor."
ToTTó: "Está bien, comuníqueme, por favor."

Antonio de Pórcel Flores Jaimes Freyre

El secretario: "Hola. Doctor de Pórcel. Que gusto de hablar contigo y llamarte 'Doctor'. Soy tu amigo Fernando. No se si te acuerdas de mi."

ToTTó: "Fernando. Que gusto. ¿Qué haces ahí?"

Fernando: "Lo mismo que tu, enseñando a los gringos a trabajar. Ja. Ja. Ja. Tu secretaria me dijo que tienes urgencia de hablar con mi jefe."

ToTTó: "Si, quiero cambiar la fecha de la reunión."

Fernando: "No hay problema. Mi jefe se enferma cuando se trata del dinero federal. ¿Cuando quieres venir?"

ToTTó: "¿Por que no hacemos lo siguiente? Te Mando la documentación que falta, con una la lista de las escuelas que escogimos. Tu la presentas a los directores de escuelas. Me dices cuando podemos entrevistarlos. ¿Qué te parece?"

Fernando: "Me parece bien, así es más fácil. Pero te advierto que mi jefe y el consejo quieren escoger las escuelas, ese es el problema."

ToTTó: "Tu que eres muy bueno para solucionar estos problemas, tendrás que convencerlos, por que las escuelas están seleccionadas de acuerdo al diseño experimental, no hay posibilidad de que ustedes las escojan."

Fernando: "Eso ya lo sé, pero a ellos no les importa ese diseño, no lo entienden."

ToTTó: "Si no quieren hacerlo, perderán el dinero de la ayuda federal. Eso no creo que les guste mucho a los directores de escuela. No es cuestión de gustos, es cuestión de mucho dinero. Tu bien lo sabes."

Fernando: "En eso estás equivocado. No lo sabía. Si es así, no hay problema. No tengo que convencerlos. Mándame la lista de las escuelas y una carta acerca del dinero, si es posible me escribes de cuanto dinero estamos hablando. Yo me encargo de los directores."

ToTTó: "Fantástico. Como en los viejos tiempos. ¿Te acuerdas?"

Fernando: "Claro que si. ¡Cómo olvidarlo! La huelga de los profesores en La Paz, todo por tu culpa. Ja. Ja. Ja. Te mandaste a cambiar y se acabo la huelga." {*AutoBiografía de un Bohemio Despistado; Volumen 7; Capítulo 55; Páginas 79-104; (1968)*}

ToTTó: "No me mande a cambiar, ni salí escapando."

Fernando: "Eso ya se. Te estoy tomando el pelo, es una broma. Sé que se trataba de la enfermedad de tu hija. ¿Cómo está ella?"

Colección de Anécdotas Amoroso Sexuales Anécdotas: 26 a 33

ToTTó: "Felizmente está completamente rehabilitada, es muy independiente. Gracias por preguntar."
Fernando: "Me alegra saberlo. Un saludo para Maru de mi parte."
ToTTó: "Las gracias a ti, una suerte encontrarte. Ya nos veremos un día de estos. Daré tus saludos a Maru."
========

Al día siguiente, Maru llamó por teléfono:
========
Marivela: "Doctor, su esposa en el teléfono, dice que es urgente. Quizás cambio de idea y ya no quiera divorciarse."
ToTTó: "¡Marivela por favor!"
Marivela: "Usted es muy despistado. Todos lo saben, no soy la única que sabe. Radio cocina es muy buena. Le pasó con su señora, no la haga esperar, que parece muy nerviosa. Yo también me pondría nerviosa si estuviera en sus zapatos."
ToTTó: "Hola Maru. ¿Cómo estás?"
Maru: "¡Qué preguntita! ¿Cómo crees que estoy? Cuidado, no estoy para tus bromitas, esto es muy serio. Ya lo oí en tu tono de voz. No he pegado los ojos anoche."
ToTTó: "Si quieres, no nos divorciamos. No vamos a la corte."
Maru: "Te dije que no estoy para tus bromitas."
ToTTó: "No es una broma."
Maru: "Mejor que no sea. Ya me conoces, cuando tomo una decisión, no me echo atrás. No me digas que me eche adelante, porque te cuelgo el teléfono. Te conozco, puedo adivinarlo."
ToTTó: "Sé que estás un poco nerviosa."
Maru: "¡Pero que chistoso que eres? Un poco nerviosa. Me muero de nervios, necesito que vengas de inmediato, ahora mismo. No me importa lo que tengas que hacer."
ToTTó: "La corte es a las 10 y media. Recién son las 8 y media."
Maru: "La hora no es importante. Si tuviera un auto, estaría en tu oficina antes que tu, esperándote en la puerta."
ToTTó: "Menos mal que no lo tienes."
Maru: "Otra vez con tus bromitas. Una más y corto el teléfono."
ToTTó: "Ahora mismo voy a la casa de Ann, a recogerte."

Antonio de Pórcel Flores Jaimes Freyre

Maru: "No estoy en la casa de Ann. Estoy en tu casa. Llamé a tu casa, Ronda me dijo que fuiste a tu oficina. Le pregunté si ella podía recogerme y llevarme a tu oficina. Me dijo que no era conveniente ir a tu oficina. Vino a recogerme y fuimos a tu casa. Estamos desayunando. Ronda tiene que ir la universidad. Te espero acá."
ToTTó: "Está bien, dame media hora."
Maru: "Mejor te apuras. Ya sabes que no me gusta esperar."
========
Sabía que eran amigas, no me sorprendió. Llegué a mi casa, abrí la puerta y vi a Maru, recostada en el sillón totalmente desnuda. Vino a me encuentro, me beso apasionadamente, de la mano me llevó al dormitorio y me dijo:
========
Maru: "Quería que Ronda me lleve a un motel para celebrar nuestro divorcio. Ella me dijo que un motel no era romántico, que mejor te espere acá, como en los viejos tiempos." (*Está es otra anécdota digna de otro capítulo*).
ToTTó: "¡Cómo en los viejos tiempos!"
Maru: "He llamado al abogado para que ponga lo de la corte para esta tarde. Así tenemos más tiempo, me conoces. Estaré muy relajada para entonces."
========
Esa tarde fuimos a la corte. Maru estaba muy relajada. Mejor les cuento lo que pasó en la corte, el diálogo entre Maru y el Juez.
========
Maru: "Orgullosa dijo: su nombre, su edad. etc. etc.…."
El Juez: "Señora. ¿Usted está segura que quiere divorciarse?"
Maru: "Segurísima. Su Señoría."
El Juez: "Quizás es necesario que vayan a un consejero familiar, es lo que recomienda la corte generalmente."
Maru: "Ya fuimos esta mañana."
El Juez: "Usted no está pidiendo que él le de dinero para sus hijos cada mes. ¿Está segura que así lo quiere?"
Maru: "No tiene mucho dinero, pero sé que el me va a mandar lo que pueda. Así esta bien."
El Juez: "Usted está pidiendo completa custodia para sus hijos, sin especificar cuando él puede visitarlos."

Maru: "Eso es una formalidad. Mi esposo puede visitarlos cuando quiera, no hay problema, somos amigos. Si no cree, pregúntele a él. {*señalándome*} Está sentado en la ultima file, es el de traje azul con corbata roja. {*dirigiéndose a mi*} ToTTó, levanta el brazo para que te vea el señor juez."
========
Levanté el brazo. Carcajada general. El Juez martillando, llamando al orden.
========
El Juez: "Orden en la sala. Orden. Divorcio concedido. Puede retirarse señora, sin hacer más alboroto."
========
Maru caminó despacio, fui a su encuentro, me dio un beso largo y apasionado. Después hizo un gesto feo al abogado, me tomó del brazo, salimos del juzgado, como si recién casados.
Cuando llegamos al auto, me dijo:
========
Maru: "Ya estamos divorciados, ahora puedes ser mi amante, eres mejor amante, que marido."
ToTTó: "¿Dónde quiere ir ahora?"
Maru: "Le dije a tu secretaria que hoy festejaremos nuestro divorcio, que cancele todos tus compromisos. Me prometió hacerlo. No tienes que volver a la oficina. Vamos a tu casa a celebrarlo."
ToTTó: "Creo que ya lo celebramos esta mañana."
Maru: "Lo de esta mañana no era celebración. Estaba nerviosa, tenía que relajarme. Ahora si, vamos a celebrar y está noche vamos a bailar a San Francisco. Ya le dije a Ronda, lo que vamos a hacer, no tienes que preocuparte. Ella me dijo: ¡Qué lindo! Yo hubiera querido poder divorciarme así, mi divorcio fue muy feo."
ToTTó: "Me parece que lo tenías bien planeado. Me gusta tu plan, Lo celebramos como tu quieras."
========
Así fue nuestro divorcio.
Tres semanas después de la celebración, Maru llamo a mi oficina.
========
Marivela: "Doctor, su amante está en el teléfono. Es su costumbre, dice que tiene que hablar con usted, que es urgente."
ToTTó: "¿Mi amante?"

Antonio de Pórcel Flores Jaimes Freyre

Marivela: "Así dijo ella. Se la pongo."
ToTTó: "Hola. ¿Con quién hablo?
Maru: "Conmigo. Con quién va ha ser. Con tu amante."
ToTTó: "Hola Maru, ¿Como estás?"
Maru: "Estoy en un aprieto. Necesito que me aconsejes."
ToTTó: "¿Qué quieres que te aconseje? ¿Quien te está apretando?"
Maru: "Mejor no empieces con tus bromitas. No lo puedo decir por teléfono. Ven a buscarme. Es urgente."
ToTTó: "Tengo una reunión en diez minutos."
Maru: "La cancelas y listo."
ToTTó: "Veré si puedo cancelarla."
Maru: "No tienes que ver. Es una reunión con tus empleados."
ToTTó: "¿Cómo lo sabes?"
Maru: "Radio cocina. No preguntes. Son casi las once, tengo hambre, te invito a almorzar. "
ToTTó: "¿Dónde quieres ir?"
Maru: "Ann me va a llevar al Dennis, cerca de su casa."
ToTTó: "Me esperan ahí entonces."
Maru: "Yo te espero. Ann tiene que ir a la peluquería."
ToTTó: "¿A qué hora?"
Maru: "No importa la hora. Sales ahora. Si llegas antes, me esperas adentro. Si llego primero te espero adentro."
ToTTó: "Está bien. Déjeme cancelar esa reunión"
Maru: "No tienes que cancelar tu reunión. Marívela lo va hacer. Ya hable con ella."
ToTTó: "¡Cómo! ¿Hablaste con ella? Un día de estos vas a estar sentada en mi oficina, cancelándome."
Maru: "Somos amigas. Ella me ayuda y lo la ayudo."
ToTTó: "¿Se puede saber en qué la ayudas?"
Maru: "No. No se puede. Apúrate por favor, te dije que es urgente."
ToTTó: "¿Urgente como nuestro divorcio?"
Maru: "No. Diferente. Lo contrario. No trates de adivinar. Chao."
========
No sabía, ni adiviné porque era urgente. Llamé a mi secretaria por inter-comunicado.
========
ToTTó: "¿Marívela, puede venir por favor?"
Marivela: "Enseguida Doctor."
========

Colección de Anécdotas Amoroso Sexuales Anécdotas: 26 a 33

Marívela entró a mi oficina contoneándose. Me llamó la atención su forma de caminar, bastante coqueta. Ella era muy recatada.
========
Marivela: "¿Que quieres?"
ToTTó: {*Me llamó la atención familiaridad de su respuesta*} "Mi amante me dijo que usted la ayuda. ¿Cómo la ayuda?"
Marivela: "Tienes que preguntarle a ella."
ToTTó: "Le pregunté."
Marivela: "¿Qué te respondió?
ToTTó: "Me dijo que no se puede saberlo. Quizás usted me pueda iluminar un poco."
Marivela: "Si tu amante no te iluminó, yo tampoco puedo. No seas curioso. Son cosas de mujeres."
ToTTó: "Sabe usted que no podemos tener secretos, en cosas de oficina."
Marivela: "Si lo sé. Pero no se trata de la oficina, es personal entre ella y yo. Si ella no quiso decírtelo, tendrá sus razones. Además, no es importante. Ya te dije, cosas de mujeres."
ToTTó: "Perdone que le haya preguntado, si la he ofendido, no era mi intención. Estaba curioso, pensé que se trataba de asuntos de la oficina."
Marivela: "No me haz ofendido. Pero si eso crees, dame un beso y se acabó. Maru me dijo que sabes besar muy bien, que eres muy buen amante. Me puso curiosa. No lo pareces. Un Doctor de Stanford, tan fino, tan serio y tan profesional. ¡Quién lo diría! Increíble."
ToTTó: "Creo que usted está exagerando."
Marivela: "Nada de eso. Maru me contó detalles todo lo que ustedes hacen. Algo que yo no había oído antes. No creo que ella exageraba. No te hagas el 'santito'. No te queda bien. No debemos tener secretos entre tu y yo. Se que las quieres mucho, a Maru y a Ronda. Ojala tuviera yo alguien que me quiera así. Desde ahora, cuando estamos solos, nos tuteamos y nos besamos. No importa lo que tu digas." (*Está es otra anécdota digna de otro capítulo*).
ToTTó: "Si así lo quieres, así será."
========
Marívela me beso y salió contoneándose.
Quedé sorprendido. La curiosidad de la mujer, respecto al amor, es increíble.

Antonio de Pórcel Flores Jaimes Freyre

Maru me estaba esperando en el Dennis.
========
Maru: "Ordené la ensalada que nos gusta. ¿Quieres algo más?"
ToTTó: "La ensalada es suficiente. ¿Ordenaste el café?"
Maru: "Si, ya lo traerán. La mesera está ocupada. A esta hora hay mucha gente, como puedes ver."
ToTTó: "¿Que consejo quieres que te de?"
Maru: "Primero comemos y después conversamos. ¿Que te parece?
ToTTó: "Esta bien, me atoraré con mi curiosidad."
Maru: "No puedes con tu carácter y con tus bromitas. No sé cómo te he aguantado tantos años."
ToTTó: "La próxima vez que hables con Marívela, le preguntas."
Maru: "No necesito preguntarle. Sé que está enamorada de ti. Por miedosa no se anima a decírtelo. "
ToTTó: "Parece que hoy perdió el miedo."
Maru: "Me alegro. Yo la he animado. ¿Qué pasó?"
ToTTó: "Si quieres saberlo, tienes que preguntarle."
Maru: "No es necesario que le pregunte. Estoy segura que me lo va contar con lujo de detalles. Ya te dije que somos amigas."
ToTTó: 'Creo que tengo que agradecerte, por la buena propaganda. Benditas sean tus amigas. Ja. Ja. Ja."
Maru: "Tenemos que ayudarnos entre mujeres, eso lo sabes bien. No es novedad para ti. No me sorprende lo despistado que eres."
ToTTó: "Lo que pasa, es que tu sabes como poner buenas pistas. Gracias, por la buena propaganda."
========
Se acercó la mesera con la comida.
========
La Mesera: "Perdonen, me atrasé. En seguida le traigo su café."
Maru: "Estás muy ocupada. Tenemos mucho que conversar."
La Mesera: "¿Este es el señor que era su esposo y que ahora es su amante?"
Maru: "El mismo. Pero es muy despistado. Tiene muy buena fe, para él no hay algo malo, todo está bien."
La Mesera: "Es mejor así. Si necesitan algo más, me avisan."
========
Cuando terminamos de comer, Maru me dijo.

Colección de Anécdotas Amoroso Sexuales Anécdotas: 26 a 33

========
Maru: "Estoy en un aprieto. Quiero y no quiero."
ToTTó: "Eso debe apretar mucho. Ten cuidado. No te vayas a sofocar."
Maru: "Otra vez tus chistecitos. ¿No puedes hablar en serio?"
ToTTó: "Si puedo. Pero es muy aburrido."
Maru: "Lo que voy a decir no tiene algo de aburrido. Es una decisión seria que tengo miedo tomar."
ToTTó: "Habla mujer. Soy todo oídos."
Maru: "No se si casarme otra vez o quedarme solterita."
ToTTó: "¿Quién es el inocente?"
Maru: "No hagas bromas, te dije que es serio."
ToTTó: "Te casaste conmigo, contra toda tu familia y no tenías miedo. Ahora me resultas miedosa. ¿Estás cambiado?"
Maru: "Esos eran otros tiempos, yo era inocente."
ToTTó: "¿Estás enamorada, como lo estabas con el brasilero?"
Maru: "No. Esto es diferente. Ese brasilero no era importante. Él ya estaba casado. Bien lo sabes."
ToTTó: "¿Quién es el que me ha robado tu corazoncito?"
Maru: "Eres un tonto. Ya sabes que mi corazón es mío. Te lo presté y te lo sigo prestando. Es el hermano de Martita, la amiga de Ann. Un gringo que vive en Boston."
ToTTó: "¿Hace cuanto tiempo que lo conoces?"
Maru: "Ese es el problema. No lo conozco. Pasamos unas dos semanas en la casa de Ann. Salimos una sola vez. Lo llevé a la playa. No puedo negar que me gusta. No se que hacer."
ToTTó: "Tienes que hacer lo que tu quieras."
Maru: "¡Qué respuesta! Ya te dije que quiero y no quiero."
ToTTó: "¿Cuál es más fuerte?"
Maru: "Por favor, no hagas bromas. ¿Que me aconsejas?"
ToTTó: "Tu problema es que no lo conoces. Creo que tienes que conocerlo mejor. ¿Haz hecho el amor con él?"
Maru: "Sabía que me ibas a preguntar eso. No lo hemos hecho. Es muy tímido. Solterón, un poco mayor que nosotros. Martita me dijo que no ha tenido novias. Es contador, muy detallista y muy ordenado. Eso es todo lo que sé. ¿Qué harías tu si estuvieras en mi caso? ¿Te casarías?"

Antonio de Pórcel Flores Jaimes Freyre

ToTTó: "Me pides que no haga bromas y tu las haces. No me casaría con él."
Maru: "No seas tonto. En serio ¿Qué crees que debo o puedo hacer?"
ToTTó: "Si realmente quieres conocerlo, tienes que estar con él."
Maru: "Ya te dije que él vive en Boston."
ToTTó: "Hoy es viernes. Te llevo al aeropuerto ahora mismo. Tomas tu avión a Boston. Lo llamas por teléfono para que te recoja.
Maru: "No tengo el número de su teléfono. Ann lo debe tener, si no lo tiene, vamos a la casa de Martita, seguro que ella tiene su número. Quizás es mejor que ella lo llame.¿Qué pasa si Martita lo llama, pero él no me recoge o si no puede recogerme?"
ToTTó: "Me llamas y tomas el avión de vuelta, yo te recojo. Si no puedes confiar en él, no creo que sea bueno que te cases. Si te recoge y te gusta estar con él, te quedas una o dos semanas, para asegurarte."
Maru: "Eso haré. Esta bien. Ya sabía que me ibas a ayudar. Si no me va bien, volvemos a celebrar nuestro divorcio. Me tienes que prometer. Ya sabes que eres mi amante."
ToTTó: "No se si eso le guste a tu consorte."
Maru: "Ya veremos. ¿Me prometes, si o no?"
ToTTó: "Si te prometo princesa. Como tu quieras. Como decía: los gladiadores romanos: 'Ave Cesar. Morituri Salutante'."
Maru: "Olvídate de esos gladiadores. Vamos a casa de Ann y de Martita, para que lo llamen. No quiero perder el avión."
ToTTó: "¿Ves? Ahora ya estás volando. Vamos. Te llevo."
========
Fuimos a la casa de Ann *(Conocía muy bien a Ann. Lo que pasó con ella es otra anécdota digna de otro capítulo)*. Ann no tenía el número del teléfono. Fuimos a lo Martita. Conocía sólo de vista a a Martita. La vi una o dos veces de pasada. Era la primera vez que entraba a su casa. Me senté en un sillón, en la sala. Martita me ofreció un trago, le agradecí y le dije que no tomaba licor. Se sorprendió. Le pedí un vaso de agua.

Maru le dijo lo que iba a hacer. Martita se alegró y la animó. Habló por teléfono con él. Estaba todo arreglado, él la iba a recoger, pero necesitaba la información del vuelo. Fuimos al aeropuerto. Martita lo llamó.

Despedimos a Maru, deseándole un buen viaje y mejor aventura. Volvimos del aeropuerto. Martita me dijo:

========
Martita: "¿Puedo llamarte ToTTó?"
ToTTó: "Claro que si. Llámame como quieras."
Martita: "¿Qué vamos hacer ahora?"
ToTTó: "Hacemos lo que tu quieras. Si quieres te llevo a tu casa."
Martita: "Me llevas más tarde. ¿Sabes? Quisiera ir a un parque."
ToTTó: "Vamos a Coyote Point, a la playita a ver los aviones que aterrizan en el aeropuerto."
Martita: "Estoy cansada de aviones. Quiero algo nuevo."
ToTTó: "¿Conoces el parque del "Palacio del Agua? Hay una fuente con agua cristalina."
Martita: "No lo conozco. ¿Donde está?"
ToTTó: " Es un lindo parquecito y está cerca. Estoy seguro que te va gustar."
Martita: "Vamos."
========

Le encantó el parque. Tiene una especie de piscina bajita, con agua cristalina, un sólo banco de madera, una pequeña vertiente de agua potable. Mucho árboles gigantes, un jardín de lindas rosas.

Martita se quitó los zapatos, se suspendió la falta, que no era muy larga. Bailando graciosamente, caminaba de un lado al otro en la piscina. Era una mujer muy guapa. Cabello largo pelirrojo, ojos azules, Cuerpo esbelto, bien formado, lindas piernas. No muy bonita de cara. Me senté, a contemplarla. Me dijo:
========
Martita: "¿Qué haces ahí sentado? Ven a bailar conmigo."
========
Obedecí de inmediato. Me quité los zapatos y medias, arrollé mi pantalón y me acerqué a la piscinita.
========
Martita: "Vas a mojar tu pantalón. ¿Por que no te lo quitas?"
ToTTó: "Tengo que confesarte algo. No uso calzoncillos, me molestan los elásticos."

129

Antonio de Pórcel Flores Jaimes Freyre

Martita: "Yo tampoco uso calzones, a mi también me molestan."
ToTTó: "No se puede estar semidesnudo. Es un parque público. Tu estás bien así. No importa que se mojen mis pantalones. Me los remango un poco más y listo."
Martita: "Cómo quieras."
========
Bailamos en la piscinita por un largo rato, sin hablar. Luego nos sentamos en el pasto. Martita me dijo:
========
Martita: "Me gustaría que mi hermano se case con Maru. Creo que ella es la clase de mujer que él necesita."
ToTTó: "No creo que es bueno casarse por necesidad. Si se enamoran y llegan a quererse, es otra cosa."
Martita: "En eso tienes razón. Cómo será. Maru era tu esposa. ahora dice que es tu amante."
ToTTó: "Si era mi esposa."
Martita: "¿La sigues queriendo?"
ToTTó: "¿Por qué me preguntas?"
Martita: "Por que la estás ayudando a que se case con mi hermano. Eso me parece un poco raro."
ToTTó: "Si la sigo queriendo, es por eso que la ayudo, porque quiero que ella sea feliz. Si ella es feliz, yo también soy feliz."
Martita: "¿Qué dices? Si la quieres, debes estar celoso, no feliz."
ToTTó: "Uno está celoso cuando necesita que alguien lo ame, no cuando uno ama."
Martita: "No te entiendo. Esto es nuevo para mi. Maru me dijo que eres un poco raro."
ToTTó: ¿Qué más te dijo de mi?"
Martita: "Que eres buen amante, que sabes hacer el amor. Yo le dije que no creo que mi hermano sepa hacer el amor."
ToTTó: "¿Qué te contestó Maru?"
Martita: "Dijo que ella le va a enseñar."
ToTTó: "¿Tu que piensas?"
Martita: "No se que pesar. Mi esposo era bastante bueno, creo yo. Pero cuando tuvo el accidente, se quedó muy débil. Al poco tiempo se fue al cielo. Enviudé hace dos años. Tengo una hija de seis años, que vive con su abuela paterna en Boston. Soy alcohólica, por eso me la quitaron. Ella, esta bien, es mejor para ella."

Colección de Anécdotas Amoroso Sexuales Anécdotas: 26 a 33

ToTTó: "¿Extrañas a tu hija?"
Martita: "Ahora no tanto. Se que está bien. Hablamos por teléfono algunas veces. Mi hermano va a verla de vez en cuando. Es un hombre muy bueno, tímido como yo."
ToTTó: "No me parece que tu seas 'tímida'."
Martita: "No lo soy contigo, porque Maru me contó de ti. Me dijo que puedo confiar en ti. Vivo sola, no tengo muchas amigas. Ann es mi amiga. Es amiga tuya también. Ella me dijo que puedo hablar contigo, sin tener vergüenza, porque soy muy vergonzosa. Por eso te dije que no uso calzones, porque no siento vergüenza contigo."
ToTTó: "Estoy muy contento de conocerte y de conversar contigo. Gracias por confiar en mi. Me gusta tu amistad y como eres."
Martita: "Yo estoy feliz de ser tu amiga." *(Está es otra anécdota digna de otro capítulo).*
========
El sol se estaba entrando a dormir. Yo tenía hambre, la invité a cenar. Fuimos a un restaurante italiano, que estaba cerca, en la cuidad de San Carlos.

Cuando volví a mi casa, había un mensaje de Maru, que decía.
========
Maru: "Al, me recogió, me quedo una semana. Ya te aviso cuando llego a San Francisco. Gracias por tu ayuda."
========
Maru obligó a Al a viajar a La Paz, donde se casaron y vivieron por varios años. *(La anécdota de Maru, no termina aquí, es digna de otro capítulo).*

Fin del capítulo.

> > > > * * * * < < < <

Antonio de Pórcel Flores Jaimes Freyre

En Marzo de 1968,

*Decidí emigrar
con mi familia a California,*

*para seguir con el tratamiento
de Polio para mi hija Cecilia.*

*En agosto de 1968,
me aceptaron en la
Universidad de Stanford,*

*en la Facultad de Educación
en un programa
de Doctorado.*

Colección de Anécdotas Amoroso Sexuales Anécdotas: 26 a 33

Anécdota 31 (V03 - C24)
René
(1981)
San Diego, California
En la Escuela de Masajes

Les conté que, después de perder mi trabajo como consultor educativo, para programas bilingües, en el Distrito Escolar de San Diego, California, me inscribí en la Escuela de Masajes. { *"Auto Biografía de un Bohemio Despistado; Volumen1, Capítulo 8, Página 87"*

El masaje no era algo nuevo para mi. En 1963 era un aficionado al masaje y tuve oportunidad de practicar. En 1973, cuando vivía con Ronda, solíamos ir a encuentros y/o reuniones especiales de 'cuidado personal', donde los fines de semana, gozamos de la compañía de personas estilo hipes, en un ambiente de 'libertad sexual.' Los masajes y los baños en yacusis, eran algunas de las actividades más comunes. No éramos masajistas profesionales (*Está es otra anécdota digna de otro capítulo*).

La muchacha del café, me lo dijo, era una escuela profesional, sumamente seria. El dueño, Don Kurt, era un judío alemán, que antes de la guerra, tenia un instituto en Berlín. Dagmar, su esposa era una estupenda masajista que administraba la escuela.

La escuela también, ofrecía un servicio de masaje al público, donde los estudiantes avanzados y otros masajistas profesionales, ofrecían sus servicios. Era una situación ideal para hacer las prácticas.

Tenía la oportunidad de adquirir mi licencia de masajista profesional. De manera que me lancé, a todo dar a los estudios y las practicas en la Escuela Muller de Masajes. Me inscribí en las clases intensivas de seis meses, 8 horas al día y 2 horas más de practicas.

Seguía viviendo en mi furgoneta. Generalmente la estacionaba en el patio de la escuela, de manera que no tenía que manejar, lo que me daba más de tiempo libre. Pero esta ventaja duró muy poco tiempo. Ya les contaré porque.

Antonio de Pórcel Flores Jaimes Freyre

El día de mi primera clase, me encontré con la muchacha que conocí en el café, la que me recomendó la escuela.
========
La Muchacha: "Hola, veo que te inscribiste."
ToTTó: "Si. Seguí tu consejo, es mi primer día. Me inscribí en las clases intensivas. Me llamo Antonio, me dicen ToTTó."
La Muchacha: "Me llamo René. Este es mi segundo semestre, un semestre más y dos exámenes de práctica con estudiantes. Luego mi último examen, con un profesor, para obtener mi diploma."
ToTTó: "Qué bueno, te felicito."
René: "Lo más importante son las prácticas, la teoría es un poco complicada, bastante anatomía, que requiere la licencia del Estado, pero que no es necesaria, para ser una buena masajista."
ToTTó: "Tienes razón. Revisé las instrucciones para el diploma, el manual de practicas y los dos libros de técnicas para masaje profesional. Las técnicas me gustaron, muy específicas y con buenas figuras explicativas. Estoy entusiasmado."
René: "¿Ya revisaste todo es material? Estás adelantado."
ToTTó; "Es mi costumbre. Antes de tomar una clase, reviso todo lo que es necesario, si algo no entiendo, tengo preguntas. Antes de la clase, debo saber lo que enseñará el profesor."
René: "No he oído eso antes. Yo leo los materiales después de la clase. Desde ahora usaré tu método, me parece mejor."
ToTTó: "¿Como son los exámenes? "
René: "Son de dos clases. Primero practicas con los estudiantes de tu grupo, con los principiantes y con otros alumnos durante todo el tiempo que estudias. Cuando terminas los cursos, si pasas los dos exámenes teóricos, tienes que aprobar tres exámenes prácticos.
ToTTó: "O sea que, primero practicas con los estudiantes. Luego das los dos exámenes teóricos, antes de poder tomar los tres exámenes prácticos ¿Cómo son los exámenes prácticos?"
René: "Si pasas los dos exámenes teóricos, pides tu primer examen práctico, tienes que dar un masaje a uno de los estudiantes que está por graduarse. Si pasas tu primer examen práctico, tienes que dar tu segundo examen práctico, a uno de los masajistas, que trabajan en el servicio al publico. Si pasas tu segundo examen práctico, tienes que dar tu tercer examen práctico, a uno de los profesores asistentes o a la señora Dagmar. Si pasas tu tercer examen práctico, te dan el diploma de masajista."

ToTTó: "Entonces son tres exámenes prácticos que tienes que aprobar, para que te den tu diploma de masajista. ¿Que tienes que hacer después que obtienes tu diploma de masajista?"
René: "Presentas tus documentos al estado, te dan la autorización oficial para que puedas completar las doscientas horas de trabajo en una institución aprobada por el estado. Presentas un documento que acredite que completaste todas las horas de práctica, para que te den tu licencia de masajista profesional."
ToTTó: "Que bueno que tengas que satisfacer todos estos requisitos, así realmente aprendes tu profesión."
René: "Eso no es todo. Una vez que obtienes tu licencia profesional, para poder practicar individualmente, tienes que obtener un seguro de mal práctica, para protegerte de los abogados. Ese seguro no es barato. Al principio es mejor trabajar en un negocio de masajes que ya tiene ese seguro."
ToTTó: "Muchas gracias por darme toda esta información."
René: "No tienes que agradecer. Te la estoy dando, porque me haz dicho que quieres saber antes lo que va a pasar, para estar preparado."
ToTTó: "¿Donde estás haciendo tus prácticas?"
René: "He pasado mis dos exámenes teóricos, me falta pasar uno más, el más difícil, el de anatomía. Ahora, estoy practicando con estudiantes que se ofrecen voluntariamente."
ToTTó: "Si me necesitas, soy uno de tus voluntarios."
René: "Gracias por el ofrecimiento. No es muy fácil tener voluntarios. Generalmente los estudiantes, como yo, tienen que trabajar y estudiar al mismo tiempo."
ToTTó: "¿Cuantas veces puedes practicar con uno de los estudiante?
René: "Las veces que puedas, eso no lo controlan. Cuantas más veces prácticas, más fácilmente pasarás tus exámenes."
ToTTó: "¿Tienes un inventario de tus prácticas?"
René: "¿Que es eso?"
ToTTó: "Un cuaderno donde anotas la fecha de tu practica, la duración del masaje y los comentarios que hacen de tu masaje."
René: "Primera vez que oigo eso. Es interesante. Así sabes como estás avanzando. Sobre todo, si usas los comentarios. No había pensado en eso. Gracias. Ahora mismo empiezo mi inventario."

Antonio de Pórcel Flores Jaimes Freyre

ToTTó: "Voy a preparar un formulario especial para ese inventario. ¿Qué computadora tienes?"
René: "No tengo computadora."
ToTTó: "No importa. Voy a imprimir varias copias de ese formulario, para que puedas hacer tu inventario. Te enseñare a usarlo. Mañana te doy las copias, con las instrucciones."
René: "Gracias. Estoy aprendiendo cosas nuevas contigo."
ToTTó: "Tu me vas a enseñar tus trucos de masaje. Compartimos y nos ayudamos mutuamente. ¿Qué te parece?"
René: "Me parece lindo. ¿Sabes? Estaba un poco desilusionada con mis estudios. La anatomía no me entra, es difícil para mi. Me estás animando. Tu entusiasmo y tu energía son contagiosas."
ToTTó: "Sé un poco de anatomía. Si quieres estudiamos juntos, cuando tengas tiempo."
René: "Sabes que trabajo en la cafetería, no tengo mucho tiempo libre. Vivo con mi mamá en un pequeño departamento, cerca de la playa, lejos de aquí. Tengo que tomar el auto bus, tarda bastante."
ToTTó: "No hay problema. Yo vivo en mi furgoneta, la puedo estacionar cerca de la playa. Te llevo a la cafetería y cuando terminemos en la escuela, te llevo a tu departamento."
René: "¿Vives en tu furgoneta? ¿No tienes miedo? ¿Qué haces si la policía te pregunta?
ToTTó: "Hace cinco años que vivo así. Tengo una casa cerca de San Francisco, donde viven mis padres, mi hermana menor y su familia. Yo pago todos los gastos. No me queda suficiente dinero para alquilar un departamento."
René: "Entonces vives como un gitano, con su furgoneta a cuestas."
ToTTó: "Si así es. Soy un gitano, bohemio, linyera, feliz de la vida."
René: "¿Por que no vives en tu casa, con tu familia?"
ToTTó: "Trabajaba, como consultor, en las escuelas de San Diego. Perdí mi empleo. No quiero seguir trabajando en eso. Prefiero obtener mi licencia de masajista. Tengo bastante dinero, que me deben, para cubrir los gastos de estoy seis meses."
René: "Cuanto más hablamos, más me sorprendes."
ToTTó: ¿Aceptas mi ofrecimiento, sin condiciones? Simplemente, como amigos, estudiantes de masajes."

Colección de Anécdotas Amoroso Sexuales Anécdotas: 26 a 33

René: "Dices que me puedes llevar a la cafetería y llevarme a mi departamento."
ToTTó: "Eso mismo. Si quieres podemos estudiar anatomía juntos y me usas como voluntario, para tus prácticas de masaje. Así, aprendemos los dos."
René: "No lo puedo creer. Te conocí como un cliente de la cafetería. Te encuentro como estudiante. Ahora me ofreces solucionar todos mis problemas. ¿Quién te ha enviado?"
ToTTó: "El destino, que ha hecho cruzar nuestros caminos."
=========
Las clases intensivas eran seis días a la semana, clases de teoría 4 horas en las mañanas, de 8 a 12 y práctica de masaje cuatro horas en las tardes, 1 a 5, el domingo libre. De 6 a 8 de la noche se podía practicar masaje, de lunes a viernes. De manera que asistía a las clases, 6 días de la semana.

Las clases regulares eran 3 veces por semana: 4 horas, 8 a 12 de la mañana. Un día de teoría y 2 días de práctica. René asistía a sus clases, las mañanas, de los lunes, miércoles y viernes. Trabaja en la cafetería en las tardes. Cuando terminaba su trabajo, venía a la escuela a estudiar y practicar conmigo, hasta las 8 de la noche. Deisy, su mamá, dos años mayor que yo, nos esperaba con la cena.

Dormía en la furgoneta, en el estacionamiento del departamento de Rene. Después de mucho insistir, Deisy aceptó que pagara alquiler por el estacionamiento y por las comidas. De manera que, poco a poco, me trataban como un miembro de la familia.

Pasaron los días y nos acostumbramos a esta rutina. Después de un ligero desayuno, a las siete de la mañana, René y yo, íbamos directamente a la escuela, René a sus clases y a practicar. En las tardes ella iba a su trabajo en la cafetería. Terminado su trabajo, René venía a la escuela, a practicar. Algunas veces yo le servía de conejillo de indias. Yo hacía mis prácticas durante las clases, guiado por el profesor, con otros principiantes.
Había ofrecido a René ayudarla con su examen de anatomía. Le era difícil memorizar los músculos, tendones, nervios, etc. presentados, con ilustraciones, en el libro.

Antonio de Pórcel Flores Jaimes Freyre

Pensando en eso, me pregunté: ¿Cómo se podía aprender anatomía dando masajes, al mismo tiempo? Entonces se me ocurrió esta idea. Si al dar un masaje, se puede identificar los músculos, tendones ..etc., al tocarlos, no habría necesidad aprender los nombres usando la memoria corta. Así, practicando el masaje, uno repasa los nombres anatómicos al mismo tiempo. En la mente, los nombres quedan asociados con los músculos que uno masajea, porque así, se usa la memoria larga y no sólo la memoria corta. Con este método, será más fácil acordase de los nombres.

Corté las páginas del libro de anatomía. Las puse en folder, siguiendo el orden del masaje. Compré un atril, de esos que usan los músicos para las partituras. Una tarde, después de mis clases, René vino a practicar a la escuela. Era la tercera vez que me usaba de voluntario. Antes de empezar el masaje, puse el atril con el folder cerca de la mesa de masaje. Un poco sorprendida, René me preguntó:
========
René: "¿Qué es eso? ¿Para que pones eso cerca de la mesa? Me va a estorbar. Por favor retíralo."
ToTTó: "Es un atril, que te ayudará a estudiar anatomía al mismo tiempo que practicas."
René: "¿Estás loco? Tu siempre con tus ideas raras. ¿Cómo me va ayudar? Te dije que me va a estorbar."
ToTTó: "Por favor, abre el folder y ve que hay adentro."
========
Un poco molesta y de mala gana, abrió el folder. Vio las páginas del libro de anatomía.
========
René: "Definitivamente está loco. ¡Cortaste las páginas del libro. ¿Cómo quieres que estudie así?"
ToTTó: "Si te fijas bien, las páginas están ordenadas siguiendo tu práctica."
René: "No importa como estén ordenadas. Destrozaste tu libro. Ahora tienes que compra otro. ¡A quién se le ocurre arruinar tan lindo libro!"
ToTTó: "Te prometí ayudarte estudiar anatomía."
René: "Si, me prometiste. ¿Cómo me vas a ayudar?"

138

ToTTó: "Con las páginas que están en este folder, por eso la rompí del libro, para que estén en mismo orden del masaje."
René: "No te entiendo. ¿Me explicas, por favor?"
ToTTó: "Hay dos clases de memoria, una corta que retiene 7 palabras, números de teléfono, nombres de personas. etc. Se llama 'corta" porque están en la memoria por corto tiempo, luego se olvidan rápidamente. Por ejemplo, no te acuerdas el nombre de una persona, porque usaste la memoria corta, pero cuando la vez, la reconoces porque usaste la memoria larga."
René: "¡Ha! Debe ser por eso que yo me olvido de lo que estudio en anatomía. ¿Cuál es la otra clase de memoria?"
ToTTó: "Se llama: 'memoria larga', porque lo que estudias se combina con lo que ya sabes, llega a ser parte de todo lo que puedes recordar."
René:" ¡Qué interesante lo que explicas! No lo sabía. ¿Cómo se usa esa memoria larga?"
ToTTó: "Para usar tu memoria larga, tienes que 'conocer', 'reconocer' y asociar los nombres de los músculos, tendones , etc. que están dibujados en estas hojas, con los músculos que tocas al dar el masaje."
René: "Veo el dibujo y pronuncio su nombre, al mismo tiempo que doy el masaje. ¿Eso quieres decir?"
ToTTó: "Asociando el nombre con el músculo aprendes: cual es el músculo, dónde está, como se llama, etc..."
René: "Ahora creo que entiendo. Si miro las ilustraciones de un músculo, al mismo tiempo que hago el masaje, podré reconocerlo más fácilmente y acordarme, donde esta, como es. No necesito acordarme del nombre del músculo, porque en el examen, te muestran la ilustración y te preguntan: dónde está y como es. No te preguntan el nombre."
ToTTó: "¿Quieres hacer la prueba, a ves si funciona?"
René: "Claro que si, ahora mismo hago la prueba."
========
Después de algunos días de usar esta técnica, René pasó, fácilmente su examen de anatomía. La noticia del uso del atril, para estudiar anatomía, cundió rápidamente. Dagmar, la esposa del director pidió a René que le muestre, como practicaba los masajes, usando el atril folder de las ilustraciones.

139

Antonio de Pórcel Flores Jaimes Freyre

Poco tiempo después, está forma de estudiar anatomía usando la técnica del atril con el folder, se estableció, como parte del Curriculum regular.

Durante todo este tiempo, yo recibía los masajes de René, cuando ella practicaba. Cuando aprobé mis exámenes teóricos, podía empezar mis prácticas. Fue entonces que, por primera vez, di un masaje a René.

========

René: "Te felicito, pasaste tus exámenes teóricos. Ahora puedes practicar conmigo, si quieres."
ToTTó: "Claro que quiero. Estaba esperando esta oportunidad."
René: "Ya también. Estoy curiosa por saber como los das. Ya no tenemos que esperar."
ToTTó: "¿Por qué estás curiosa?"
René: "¿No oyes los comentarios?"
ToTTó: "De que comentarios estás hablando?"
René: "No los oíste. ¡Que despistado eres! Las chicas de tu curso andan diciendo que te tienes manos mágicas. Hasta los ayudantes comentan. Dicen que en poco tiempo recibirás tu diploma."
ToTTó: "¿Eso comentan? Que sonsera. Estás haciendo caso a comentarios exagerados. Simplemente, trato de dar buenos masajes, eso es todo."
René: "Me enseñaste a llevar mi inventario. Estoy segura que tu tienes el tuyo. Ya verás mis comentarios. Sabes que yo soy una perfeccionista. Es fácil comprobar si esos comentarios son exagerados o no. Me das este primer masaje y ya veremos."
ToTTó: "Buena idea, comprobarás que son exagerados. No vale la pena guiarse por comentarios ajenos. Tu propia experiencia es la que vale, si es que puedes verificarla y comprobarla experimentalmente, varias veces."

========

Le di su primer masaje de dos horas, siguiendo cuidadosamente las técnicas necesarias. René se fue relajando fácilmente. A la mitad del masaje, cuando se dio vuelta y se hecho de espaldas, me miró sonriendo y cerró sus ojos, como si estuviera soñando. Poco después empezó a suspirar quedamente, era obvio que se estaba excitando.

Colección de Anécdotas Amoroso Sexuales Anécdotas: 26 a 33

Un poco antes de terminar el masaje, tuvo un orgasmo y se quedó dormida. Estaba bastante cansado, me senté a esperar que ella se despierte. Estaba un poco preocupado. Algunas veces, cuando el masaje pasa al inconsciente es peligroso. La persona no quiere despertar. En este caso, el masajista debe dar un masaje con más fuerza, usando otra técnica, que todavía no había aprendido. Felizmente no fue necesaria.

Se despertó sonriendo. Me acerqué a la mesa. René se sentó, me tomó de las manos, me acercó a ella y me beso apasionadamente.

Luego me dijo:
=======
René: "No tienes que escribir en tu inventario. Los comentarios son ciertos. Tienes unas manos mágicas. Felices tus compañeras si han reaccionado como yo. Es la primera vez que siento un orgasmo como este, me hiciste soñar despierta. Tienes que enseñarme como lo haces."
=======
Me quedé callado. ¡Qué podía contestar! Fue la primera vez, pero no fue la última. *(Está es otra anécdota digna de otro capítulo).*

René termino sus estudios al mismo tiempo que yo. Recibimos los diplomas. Ese día fuimos, con Deysi, su mamá, a festejar a un restaurante italiano.

Después del la cena, fuimos a un club a bailar.

Fin del Capítulo.

> > > > * * * * < < < <

Antonio de Pórcel Flores Jaimes Freyre

En 1981

seguía viviendo
en mi furgoneta.

Generalmente
la estacionaba en el patio
de la escuela,

de manera que
no tenía que manejar

Lo que me daba más
tiempo libre.

Colección de Anécdotas Amoroso Sexuales Anécdotas: 26 a 33

Anécdota 32 (V03-C25)
María L -Gina
(1952 - 1954)
Miraflores - La Paz
Mi Bellas Vecinas

Les conté la anécdota de María L. cuando éramos niños, casi adolescentes en el parque de Miraflores. Simplemente María L. desapareció.{AutoBiografía de un Bohemio Despistado; Volumen 01; Capítulo 11; Pag 121-125 (1946-1948)}
Años después volvimos a encontrarnos. *(¿Qué pasó dos años después con María L.? {AutoBiografía de un Bohemio Despistado; Volumen 05; Capítulo 42; Pag 109-118 (1955)}*
++++++++
Gina, mis primeros encuentros amorosos.

Gina era una chiquilla linda, vivaracha. Cabello rubio ondulado, ojos azules, nariz un poco respingada, boca pequeña, bonito cuerpo atlético, lindas piernas. Vivía con su mamá y dos tías.

Amiga de mi hermana, teresa, estudiaba en un colegio privado para señoritas. Gina, a sus diez y seis años, dos meses mayor que yo, estaba en un curso anterior al mío. Cada día, después de la escuela, visitaba nuestra casa.
Le gustaba sentarse a mi lado, en el banco del piano, a oírme tocar algunas de sus canciones favoritas. Entusiasmada y contenta, bailaba a mis espaldas. Mi hermana solía sentarse en el sillón, jugando con su muñeca. Un día mi hermana, que no era muy inocente que digamos y se fijaba en todo, me dijo:
========
Teresa: "Oye ToTTó. ¿Gina no usa calzones?"
========
Un poco sorprendido, le pregunte:
========
ToTTó: "¿Cómo sabes?"
Teresa: "La he visto cuando baila. Tú no la puedes ver. Le gusta hacerlo, muy contenta. Le pregunté por qué baila así. Me ha dicho que le gusta mas bailar así."

143

Antonio de Pórcel Flores Jaimes Freyre

ToTTó: "Si le gusta bailar así, que lo haga. No tiene algo de malo."
Teresa: "¡Que despistado que eres!"
ToTTó: "Por qué dices eso. Yo no soy despistado."
Teresa: "Claro que lo eres. No te das cuenta de lo que está pasando. Tienes buena fe. Crees que todo está bien. No te das cuenta porque ella viene, se sienta a tu lado y baila sin calzones, a tus espaldas."
ToTTó: "Creo que estás exagerando. Le gusta como toco sus canciones, se entusiasma y baila. Nada más. Me parece muy natural."
Teresa: "No hay duda. Eres un despistado. Está enamorada de ti, Eso es lo que le pasa y no sabe como conquistarte. Es una sonsa y tu no lo sabes."
ToTTó: "¿Por que dices que es una sonsa? No lo es, es muy inteligente."
Teresa: "Tan inteligente, que tu tienes que ayudarla con sus tareas."
ToTTó: "La ayudo porque es un poco floja. No le gusta hacerlas, tiene flojera hacer sus tareas."
Teresa: "Ja. Ja. Ja. Lo que pasa es que quiere estar contigo. Quizás tengas razón. Es inteligente para tenerte a su lado, cuando le da la gana. Eres su juguetito."
ToTTó: "No tienes porque ofenderme."
Teresa: "No te enojes, era una broma. Está enamorada de ti, quieras o no. Te apuesto a que si la besas, estará feliz. ¿Por que no pruebas?"
========
Teresa me metió la espina, como ella acostumbraba. Decidí probar. Al día siguiente, Teresa no estaba en la sala. Gina estaba sentada a mi lado, dejé de tocar el piano, la miré sonriendo y, delicadamente, besé sus ojos. Ella me miro y me dijo:
========
Gina: "Ha funcionado, pero no como yo quería. Gracias."
========
No supe que contestar, estaba un poco avergonzado. No esperaba esa respuesta tan tácita. Hice un esfuerzo por sobreponerme y le pregunté:

========
ToTTó: "¿Qué es lo que no ha funcionado como querías?"
Gina: "Sé lo que te dijo Teresa. Que te animes a besarme. Pero no en los ojos, en la boca, de esta manera."
========
Sin darme tiempo a digerir su respuesta, me plató un beso en la boca, con lengua y todo, largo, larguísimo. Teresa tenía razón, pero no sólo eso, me di cuanta que ellas lo habían planeado. Después del beso, que fue muy bueno, ella si sabía besar, pregunté a Gina:
========
ToTTó: "¿Cómo lo sabia Teresa?"
Gina: "Es un secreto entre mujeres. Tú no necesitas ni debes saber."
ToTTó: "Teresa también me dijo que tu bailar sin calzones."
Gina: "¿Quieres verme bailar?"
ToTTó: "Baila si quieres."
========
Empecé a tocar una de sus canciones favoritas, ella se puso a bailar y me dijo:
========
Gina: "Estas tocando muy bonito, pero no me estás mirando. Así no vale. Deja de tocar y ven a bailar conmigo."
ToTTó: "¿A bailar sin música?"
Gina: "La música la llevas en tu corazón. Ven no tengas miedo."
========
Así empezó muestro idilio, duró dos años. Su mamá y sus tías, salían todas las noches, la dejaban sola y volvían después de las doce de la noche. Gina me esperaba todas las noches. Agapo, (al que llamaban "mi guarda espalda"; en realidad era como mi hermano) era mi centinela. Trepado en el resbalador del parque, sentado por horas, en las noches, nos avisaba, silbando, cuando la mamá y las tías de Gina, salían de la casa y cuando ellas volvían.

Generalmente, una de ellas llegaba primero, bien acompañada, parada con su acompañante en el zaguán, a la entrada de la casa, tardaban en despedirse. Yo esperaba a que abra la puerta de entrada a la casa, para salir, sin hacer ruido, por la puerta de atrás. Gina se hacía la que estuvo durmiendo tranquila.

Antonio de Pórcel Flores Jaimes Freyre

Se preguntarán; ¿Cómo es que Gina no quedaba preñada? Esta pregunta es valida, no sólo para Gina sino para otras maravillosas mujeres que me han regalado sus encantos.

En anteriores volúmenes, les conté que, para satisfacer a una mujer, el hombre tiene que olvidarse de si mismo y entregarse completamente a ella. No sólo eso, también escribí, que la mujer tiene un orgasmo, cuando está enamorada y es estimulada sexualmente en forma oral. La mujer debe tener, sentir su orgasmo antes que el hombre, no necesita de la eyaculación del hombre dentro de ella.

No es necesario que el hombre pene-entre a la mujer, para que ella sienta su orgasmo. Si el hombre ama y respeta a la mujer, esa es una decisión que el hombre debe tomar muy seriamente, antes de eyacular. Es decir que la responsabilidad de evitar el tener hijos, no es de la mujer, es del hombre. Si la mujer quiere tener hijos, debe pedirlo expresamente, no debe tenerlos por accidente.

Mucho años después, en California, decidí hacerme la vasectomía. Yo fui uno de los primeros voluntarios, cuando la operación se hacía: sobre una mesa, en la oficina de Family Planning. En mi operación, cortaron un pedazo del conducto de los espermatozoides y amarraron cada extremo.

Tube muchos problemas a raíz de esta operación. Muchas de las maravillosas mujeres que me hacían feliz, querían tener hijos conmigo. ¿Por qué? Que se yo. Algunas trataron de cambiar la situación y me llevaron a varios médicos. En esos tiempos, (no se como será ahora) ellos aconsejaron no hacerlo, porque, en mi caso, habían cortado un pedazo grande del conducto y era necesario poner un tubo plástico para unir las dos puntas. El problema era que no sabían si el cuerpo aceptaría el tubo y la operación era muy complicada.

La familia de Gina se cambio de domicilio a otro barrio cerca de mi casa. Ya no era fácil que sigamos haciendo nuestros encuentros amorosos. La veía una vez por semana, los sábados, para ayudarla con sus tareas escolares.

Colección de Anécdotas Amoroso Sexuales Anécdotas: 26 a 33

Un día mi papá me llevó su estudio, donde tenia su biblioteca diciéndome que quería hablar conmigo, de un asunto un poco serio. Yo no tenía idea de que se trataba. Muy rara vez en mi vida sucedió algo como esto.

Se sentó detrás de su escritorio, me hizo sentar frente a él y me dijo:
========
Alberto: "ToTTó, sé que ayudas a Gina con sus tareas y que ella está progresando en sus calificaciones."
ToTTó: "Si, la estaba ayudando casi todos los días, pero como se cambiaron de casa, ahora la ayudo sólo los sábados."
Alberto: "Eso ya lo sé. Su mamá vino a mi oficina, quería hablar conmigo."
ToTTó: "¡Qué interesante! ¿De que quería hablar?"
Alberto: "Me pidió que trate de impedir que tu vayas a seguir ayudándola."
ToTTó: "¡Qué raro! Debía ser todo lo contario. Ella está mejor en la escuela. Si ella estuviera peor, sería natural que su mamá te pida eso. ¿No te parece?"
Alberto: "En eso tienes razón. No se trata de sus notas. Me dijo que cree Gina se está enamorando de ti. Que ustedes son muy jóvenes y que todavía no saben lo que quieren. Que quiere evitar que su hija se enamore más y pase algo desagradable."
ToTTó: "¿Puedo hacerte unas preguntas?"
Alberto: "¿Pregunta lo que quieras?
ToTTó: "¿Estás de acuerdo con es señora? ¿Crees que si una mujer se enamora puede pasar algo malo, algo desagradable? ¿Crees que enamorarse es algo malo?"
Alberto: "Claro que no es malo, el amor nunca malo, todo lo contrario. No se trata de eso. La señora tiene miedo a que su hija vaya más allá del enamoramiento. Me entiendes. ¿Verdad?"
ToTTó: "¿Quieres decir que, su mamá tiene miedo que su hija quede embarazada, esperando familia?"
Alberto: "Creo que de eso se trata. Pero no importa lo que la señora crea. Te dije que me pidió que haga lo posible para que tu no vayas a su casa."
ToTTó: ¿Qué piensas hacer para impedírmelo?"

147

Antonio de Pórcel Flores Jaimes Freyre

Alberto: "Lo estoy haciendo. Te estoy pidiendo no vayas a su casa."
ToTTó: "No se si entiendo bien lo que está pasando. ¿La señora te pidió que me digas, que ella no quiere que yo vaya a su casa?"
Alberto: "No me pidió que te diga eso. Todo lo contrario, me pidió que no te diga que ella fue a mi oficina. No quiere que te enojes ni quiere lastimarte. Me dijo que eres todo un caballero muy bien educado."
ToTTó: "¿Le dijiste, le prometiste que no me lo ibas a decir?"
Alberto: "Ya sé por donde estás yendo. Muy ingenioso. No le prometí eso. Soló le dije que trataría de evitar que tu vayas."
ToTTó: "Déjame ver se lo entiendo. La señora está preocupada por su hija, lo que es muy natural. Fue a tu oficina y por alguna razón no quiere que yo sepa que fue a buscarte. Te pidió un favor, que evites que yo visite a su hija. También te dijo que ella no quiere que yo sepa, que ella no quiere que visite a su hija. Como tu no me puedes decir eso, yo no sé que ella no quiere que vaya a su casa. Tu sólo tienes que tratar de impedir que vaya. Como soy un ignorante de lo que quiere esa señora, puedo ir a su casa sin problema. Si vuelve a hablar contigo, sólo le dices que haz tratado de impedir y no te hecho caso. Esto le pasa porque la señora quiere ocultar algo."
Alberto: "No vayas. ¿Para qué te vas a meter en líos con esa familia?"
ToTTó: "No te preocupes papá. Sé como arreglarlo. No creo que esa señora vuelva a tu oficina. Tu tranquilo. Hiciste lo que le prometiste. Ya verás que yo lo arreglo."
Alberto: "Creo que tu haz salido a tu madre, sabes muy bien como ingeniártelas."

========

Ese sábado me presenté en casa de Gina, muy campante. Su mamá me recibió como de costumbre, muy amable, le pregunté:
ToTTó: "Señora Elba, ¿Cómo le está yendo a Gina en la escuela?"
Elba: "Muy bien. Ha mejorado sus notas, está muy estudiosa y entusiasmada, gracias a su ayuda."
ToTTó: "Me alegra saberlo. No creo que sea sólo mi ayuda. La verdad es que yo aprendo mucho ayudándola. Es como dice mi papá, 'se aprende más enseñando que estudiando.'"
Elba: "¿Qué más dice su papá?"

ToTTó: "Tiene muchos dichos. Lee mucho."
Elba: "Sabe ToTTó. Le agradezco mucho lo que usted está haciendo para ayuda a Gina. Pero no es conveniente, los sábados. Vamos a tener invitados."
ToTTó: "No hay problema señora Elba. Vengo los domingos."
Elba: "Es posible que los domingos también tengamos invitados."
ToTTó: "¿Le parece que es bueno que Gina pierda el interés, deje de estudiar y sus notas no sean buenas, porque usted tiene invitados?"
Elba: "Claro que no me parece bueno. ¿Por qué me pregunta esa sonsera?"
ToTTó: "Por que creo tener la solución para no perjudicar a su querida hija."
Elba: "¿Cuál es la solución que usted propone?"
ToTTó: "Mi papá tiene una linda biblioteca, es ahí donde yo estudio. Es muy cómoda, tiene un escritorio grande. Ahí podemos estudiar con Gina, los sábados y los domingos en la tarde. A las cinco de la tarde, como es costumbre en mi familia, todos tomamos el té en el comedor grande, con galletas que mi mamá hornea. Gina es muy amiga de mi hermana Teresa. Estoy seguro que Gina se sentirá muy cómoda con nosotros. Usted no tiene porque preocuparse. después del té, cuando acabemos de estudiar yo la acompaño de vuelta a su casa. Hoy mismo podemos hacer la prueba a ver si funciona. ¿Qué le parece?"
Elba: "¡Humm! Parece buena idea. Pero no creo que se pueda hacer la prueba hoy día. Gina está encerrada en su cuarto y no quiere abrir la puerta. Algunas veces se pone así, cuando está rabiosa."
ToTTó: "¿Por qué está rabiosa?"
Elba: "Le dije que usted no podía venir hoy día. Me dijo que la estoy perjudicando, que no me importan sus estudios. Lo que no es cierto. Me importan mucho sus estudios."
ToTTó: "Por favor, dígale, que cambié mi horario y que la estoy esperando para ir a estudiar en mi casa, que preparé sus libros."
========
Ese sábado empezamos a estudiar en mi casa. Los sábados estudiábamos, los domingos íbamos de paseo o al cine a matiné, algunas veces con mi hermana. Nunca hablé con mi padre de este asunto.

Antonio de Pórcel Flores Jaimes Freyre

Pasaron dos años. La familia de Gina viajó a Colombia, eran colombianas. Antes de partir, la última vez que estuvimos juntos ese año, Gina me dijo:

========
Gina: "Te he querido y te quiero mucho. Haz alegrado mi vida, me haz enseñado como debe ser una familia. La mía es diferente, como tu sabes. Te voy a extrañar toda mi vida. Se que tu me quieres. Me hubiera gustado tener un hijo contigo, pero no es nuestro destino."
ToTTó: "Yo también te quiero mucho y te voy a extrañar. Nunca olvidaré en mi vida lo feliz que he sido y soy contigo. Ojala, Dios quiera que nos volvamos a ver."
Gina: "Si nos volveremos a encontrar, será muy distinto. Lo que hemos vivido juntos, no se puede repetir. Tu y yo lo sabemos. Hagamos el amor una vez más, como sabemos. Esta vez, terminas dentro de mi. Dios quiera, que pueda concebir a nuestra hija. No me importa lo que venga. Si no es mi destino ser madre todavía, por lo menos sé, que hemos tratado. Te amo, aunque se que eres despistado. Siempre he querido ser la mamá de tus hijos." *(si fue la mamá como ella quería, esa es otra anécdota digna de otro capítulo).*

Fin de la Anécdota

> > > > > * * * * * < < < < <

150

Gina:

*"Si nos volveremos a encontrar,
será muy distinto.*

*Lo que hemos vivido juntos,
no se puede repetir.*

*Hagamos el amor una vez más,
como sabemos.*

Esta vez, dentro de mí.

*Dios quiera,
que quede en mí,*

nuestra hija.

Antonio de Pórcel Flores Jaimes Freyre

*La responsabilidad
de evitar tener hijos*

*no es de la mujer,
es del hombre.*

*Si la mujer quiere tener hijos
debe pedirlo expresamente,*

*no debe tenerlos
por accidente.*

Colección de Anécdotas Amoroso Sexuales Anécdotas: 26 a 33

Anécdota 33 (V03-C26)
(1959-1960)
La Paz - Bolivia
Bernarda, Sofía, Nancy, Maru
Mi Matrimonio con Maru

Después de mi matrimonio con Maru yo tenía una pequeña tienda de abarrotes, porque perdí mi empleo poco antes de casarme *(esta es otra historia que merece otro capítulo)*. (Volumen 1; Capítulo 07; Páginas 69-77; (1959 1960 -1961)

Me Matrimonio con Maru:

Se preguntarán:

¿Cómo es que este bohemio, estudiando filosofía, con experiencia en trabajo bancario y administrativo, casado con la hija de un italiano de mucho dinero, trate de administrar una pequeña tiendita de abarrotes en un garaje?

Dos semanas antes de mi matrimonio, me despidieron de CARE, una agencia americana de ayuda en alimentación y agricultura a países del tercer mundo.

¿Por qué me despidieron? Es interesante lo que sucedió.

Trabajaba en 'CARE'. Un americano era director de la misión. Un gerente - contador, una secretaria, un chofer y un encargado del almacén grande, que contenía: queso americano en lata, leche en polvo, arroz, harina y otros productos. 4 vagonetas Jeep y un camión.

La responsabilidad del 'Gringo' era controlar que los productos se repartieran gratis, a las familias necesitadas y a pequeños agricultores. Era completamente prohibido, con pena de cárcel, vender o negociar con esos productos. Los repartíamos a personas necesitadas. Tenían que firmar el recibo correspondiente. La mayoría de los beneficiarios eran analfabetos, no sabían firmar.

Antonio de Pórcel Flores Jaimes Freyre

La mayoría de los beneficiarios no estaban acostumbrados a consumir las latas grandes de queso y de leche en polvo. Recibían los productos y los vendían en la bolsa negra. Este era el mayor problema, porque como indiqué, estaba prohibido venderlos.

Al principio era asistente del gerente. Al poco tiempo, renunció el gerente y tuve que encargarme de la oficina. Para colmo de males, el gringo, que era soltero, se enfermó y viajó a USA. De manera que quedamos en la oficina: la secretaria, el chofer, el encargado del almacén y yo.

Recibí una carta, en ingles, pidiendo que mandemos un inventario de los productos que quedaban en el almacén. Mi Papá, que desde que tenía cinco años hasta sus 15, vivió en el Instituto Americano, como interno, hablaba inglés, me ayudó a traducir la carta. El último inventario era de hace dos años. Necesitábamos hacer uno nuevo. Suspendí la entrega de productos. La secretaria, el encargado del almacén y el chofer, nos dedicamos a hacerlo. De acuerdo con los precios americanos de los productos, tenían un valor de más de 300.000 dólares. Mandé el nuevo inventario.

Al poco tiempo llego el nuevo jefe de misión, míster Alan con su esposa. Subí al aeropuerto a recogerlos. Me sorprendió que él y su señora hablaran perfecto castellano. Alan era una persona muy bien educada, honesto y de buen carácter. Su señora era una profesora de idiomas, bastante sofisticada.

No sabía que ellos ya habían alquilado una residencia en un barrio muy bueno, más aún, que la señora había embarcado todos los muebles y artículos de cocina, etc. etc.. Toda esta parafernalia iba a llegar en un mes y, claro está, era yo quien tenía que hacer los trámites en la aduana para recogerla. Ellos estaban alojados en el mejor hotel de La Paz.

Lo primero que hice fue llevar a Alan al almacén, a revisar los productos, con el inventario. Alan quiso que hiciéramos otra vez le inventario, él en persona participó en esta tarea. Nos felicitó porque los dos inventarios coincidían.

Colección de Anécdotas Amoroso Sexuales Anécdotas: 26 a 33

Quedé como gerente. La secretaria, se casó y dejo el trabajo. Contraté a Rocío, la nueva secretaría. Una muchacha joven, que recién terminó sus estudios de secretaría y no tenía experiencia. Está situación era ideal para mi, porque me daba la oportunidad de enseñarle, como hacíamos el trabajo con los americanos. Sobre todo la importancia de actualizar el inventario.

Alan y su esposa duraron un poco más de un año en la Paz. Ella no se acostumbró. Decidieron volver a USA. Para la sorpresa de todos nosotros, la señora decidió regalar todo lo que trajo de USA, a familias pobres, que no tenían donde poner esos regalos, así que después de la partida, los vendieron a buen precio.

A los tres meses, llegó el nuevo feje de la misión. Un Texano mal educado, bastante rústico. Desde un principio, se dedicó al almacén, era su único interés. Despidió al encargado del almacén, al chofer y al secretaria. Quedamos él y yo. Empecé a buscar una nueva secretaria, chofer y un almacenero, no era una tarea fácil. Un día de esos, el Gringo se presentó con un español, a quien yo no conocía, el nuevo encargado del almacén.

Tres semanas antes de mi matrimonio, el Gringo me llamó a su oficina y me hizo la siguiente propuesta.
========
El Gringo: "He mandado un informe que ha sido aceptado. Vamos a cerrar la oficina. He llenado todos los recibos necesarios para demostrar que hemos repartido todos los productos a gente necesitada. Ya mandé los recibos y los han aceptado. Una empresa brasilera va comprar todo lo que tenemos en 400.000 dólares. La mitad para mi, la otra mitad para ti y para el español. Ya está todo arreglado. Lo único que tienes que hacer es firmar está carta."
========
Me pasó la carta en inglés. No me interesó lo que decía la famosa carta. Era algo que yo no podía aceptar. Sin decir palabra, rompí la carta, la tiré al basurero. El Gringo, furioso, me despidió al instante.

Antonio de Pórcel Flores Jaimes Freyre

Conté a mi familia lo ocurrido, todos me apoyaron. No sólo era un flagrante robo, sino que era peligroso. Además, nunca me he preocupado ni me ha interesado el dinero.

Sin trabajo, mi problema era enfrentarme con la familia de Maru. Ellos no querían que ella se case conmigo, era muy posible que el el matrimonio no se llevaría a cabo. ¡Pero les conté que nos casamos!

Se preguntarán: ¿Cómo fue se que se casaron? Ya les cuento.

Al día siguiente de haber perdido mi trabajo, hable con Maru:
========
ToTTó: "Tenemos un problema serio."
Maru: "Ya lo sé. No tienes trabajo, te despidieron ayer."
ToTTó: "¿Cómo lo sabes?"
Maru: "Eres un despistado. Radio cocina, todos lo saben."
ToTTó: "¿Sabes porque me despidieron?"
Maru: "Eso no importa."
ToTTó: "Claro que importa."
Maru: "¿Por qué te despidieron?"
ToTTó: "El Gringo está vendiendo los productos y me ofreció dinero, no lo quise aceptar. Por eso."
Maru: "Hiciste bien en no aceptarlo, pero no lo digas a mi familia."
ToTTó: "Tienen que saber que no tengo trabajo. Especialmente tu tío Pedro, que es él que más se opone a nuestro matrimonio."
Maru: "Ya deben saber. Sino lo saben, yo les digo, veremos que pasa."
ToTTó: "Creo que soy yo quien debe darles la mala noticia."
Maru: "No es necesario. No te preocupes, déjalo en mis manos."
========
Dos días después, Maru me llamó por teléfono"
========
Maru: "Les dije que no tienes trabajo. Quieren que mañana vengas a cenar, para hablar del asunto. Te esperamos a las 8."
ToTTó: "¿A cenar? Esta bien. Estaré puntual."
========
Tenía 22 años, listo para enfrentar esta difícil situación.

156

Colección de Anécdotas Amoroso Sexuales Anécdotas: 26 a 33

Me llamó la atención que me esperen a cenar. La tercera vez, en todos estos años, que me invitaban a cenar. La primera fue cuando pedí la mano de Maru, la segunda cuando mis padres fueron para oficializar nuestro matrimonio.

Llegué puntual. El mozo me estaba esperando en la puerta, otra señal interesante. En la sala principal, me esperaba toda la familia. El papá de Maru, Teresa su hermana mayor y su esposo, la tía Olga, Pedro, su señora y su hija, el tío Fernando y su esposa. Sólo faltaban los sirvientes.

La sala estaba arreglada para una reunión de importancia. Me hicieron sentar en el sillón. La familia entera sentada en círculo, frente a mi. No hubo saludos de bienvenida ni de otra clase. Era un silencio sepulcral. Maru sentada, entre su papá y su tío Pedro 'El Padrino'.
Por alguna razón inconsciente, pensé en la 'inquisición española', aunque estaba al frente de una familia italiana.

El Padrino, tío Pedro, el jefe de la familia, tomó la palabra. Se puso de pie, solemnemente, dirigiéndose a mi, exclamó:
========
Pedro: "El matrimonio de mi querida sobrina Maru con este señor, queda anulado. Fue despedido de su trabajo y no tiene como mantenerla.
ToTTó: "Don Pedro. Quizás usted no se ha dado cuenta que no me estoy casando con usted. Es Maru, la novia, quien tiene que decidir, si quiere casarse conmigo o no."
========
Tía Olga y Teresa no pudieron contener la carcajada, que fue contagiosa. Creo que hasta Maru estaba riendo. Pedo, furioso, casi sin poder contenerse, dirigiéndose a Maru.
========
Pedro: "Esto no es una broma, es cosa seria. Se que estamos frente a un pobre payaso. Maru, dile a este individuo, que ya no quieres casarte con él. Tenemos que terminar con esta charada, de una sola vez."
========

157

Antonio de Pórcel Flores Jaimes Freyre

Miré a Maru fijamente, animándola a contestar. Estaba seguro que ella no seguiría el consejo de su tío. Pero me equivoqué. Maru me devolvió la mirada. Todos la miraban, estaban a la expectativa, especialmente tío Pedro que seguía parado, impetuoso a la espera. Maru tardó varios minutos en contestar.

========
Maru: "ToTTó. Mi tío Pedro tiene razón. Es mejor que anulemos nuestro..."
========
Sin esperar que Maru termine lo que quería decir, me paré y salí de la sala a toda prisa. El mozo, que estaba esperando afuera, me acompañó a la puerta.

Maru había terminado conmigo, una relación de años que llegó al final. Estaba listo para empezar, un nuevo período, sin trabajo y sin compromiso. ¡Viva la libertad! Una vez más estaba equivocado.

Llegué a mi casa. Me estaban esperando. Mi Papá me preguntó:
========
Alberto: "¿Cómo te fue con la familia de Maru?"
ToTTó: "Maru decidió suspender el matrimonio. Estoy libre."
Alberto: "Vaya hombre. No te lo esperabas. Si quieres puedes ir a Chile a estudiar psicología. Tío Roberto está allá, enseñando en la universidad católica, posiblemente te puedas quedar con ellos por un tiempo. He ahorrado dinero. Puedes viajar cuando quieras."
========
Mi madre intervino hablando seriamente:
=======
Hortensia: "Nada de eso. Mi hijo no puede salir escapando de su responsabilidad. Tiene que respetar a la mujer. Tiene que respetar a esa pobre muchacha. No puede abandonar y dejar colgando a la novia, a voluntad de esa estúpida familia."
Alberto: "Pero es ella, la novia, que ha decido no casarse."
Hortensia: "Eso no tiene importancias. El compromiso de Antonio no es con esa familia, ni con la novia, él tiene un compromiso con el mismo. Ha hecho una promesa y tiene que cumplirla."

Colección de Anécdotas Amoroso Sexuales Anécdotas: 26 a 33

Alberto: "Pero ...
========
Mi mamá interrumpiendo . . .
========
Hortensia: "No hay pero que valga. Mi hijo no puede salir corriendo como un cobarde."
Alberto: "Antonio tiene la libertad de decidir que es lo que quiere hacer. Ella no quiere casarse con él. Eso es suficiente."
Hortensia: "¿Qué crees, que Maru estaba libre para decidir? ¿Qué otra cosa podía responder, estando bajo la presión de toda la familia, reunida en su contra? ¿Crees que ella podía o debía pelearse con toda su familia? La dedición no fue de ella. Ella estaba obligada a tomar esa decisión. No fue una decisión libre. Maru es una mujer inteligente que sabe lo que hace. Es muy temprano para que Antonio tome una decisión, tiene que esperar a ver que pasa."
========
Mi mamá tenía razón. Lo mejor era esperar tranquilamente. Tenía tiempo para dedicarme más a fondo a mis estudios.

Sólo tuve que esperar una semana. Fui a la biblioteca de la universidad a ver si habían devuelto un libro de historia de la filosofía, que pedí la semana anterior. Cuando volví a mi casa, el auto de Maru estaba parado en la entrada. No me sorprendió. Mi mamá tenía muy buenas intuiciones, ya lo había anticipado.

Entré a la casa. Maru estaba muy tranquila conversando con mi mamá. Al verme se paró y me dio un beso. Besé a mi mamá como era mi costumbre. Maru alzó mi abrigo y mi sombrero diciendo:
========
Maru: "Saliste corriendo y te olvidaste tu abrigo y tu sombrero. Te los he traído. Acá los tienes."
========
¡Que bromita! Pensé.
========
ToTTó: "Gracias. No debías haberte molestado."
Maru: "No es una molestia, es un placer. Me gusta verte."
ToTTó: "Si tu lo dices, así debe ser."

Antonio de Pórcel Flores Jaimes Freyre

Maru: "No te me pongas tan serio. Nos casaremos en la fecha indicada. Eso si tú todavía quieres casarte conmigo. Dime la verdad ¿Quieres casarte conmigo? Pero no tienes otra alternativa. Me lo prometiste. Sé que tu siempre cumples con tus promesas."
ToTTó: "Tienes razón. Si quiero casarme contigo y cumplir mi promesa."
Maru: "Yo también te lo he prometido. Por eso ya he distribuido todas las invitaciones. Mi familia no puede impedirlo."
ToTTó: "¿Cómo dices? ¿Repartiste las invitaciones? ¿Qué van a decir los que te lo prohibieron?"
Maru: "No me importa lo que digan. No pueden evitarlo. Toda la colonia italiana y la sociedad están invitadas. Además, no podemos dejar colgada a mi mamá con los huevos."
ToTTó: "Entiendo lo de las invitaciones, es un hecho. Pero no entiendo eso de 'tu mamá y los huevos'."
Maru: "Sabes que mi mamá tiene poco dinero. Ella, de voluntad propia, sin que yo se lo pida, está haciendo una torta especial de mil hojas, de cinco pisos, para el matrimonio, con más de doscientos huevos. Una torta riquísima. Es su regalo."
ToTTó: "Si es así, no hay más remedio, tienes que casarte conmigo, aunque no quieras. Como me lo dijiste, frente de toda tu familia."
Maru: "No estoy para tus bromitas. No te dije eso. Ni siquiera oíste lo que iba a decir. Saliste corriendo. Aprovechando la coyuntura. Pero fue mejor así. Sorprendiste a todos, se quedaron calladitos. ¿Crees que no te conozco?"
ToTTó: "Lamentablemente, no puedo decir lo mismo, creo que yo no te conozco, siempre me sorprendes."
Maru: "Creo haberte dicho, varias veces, que para mi no hay imposibles. Cuando quiero una cosa, se como conseguirla. Prepárate."
ToTTó: "Lo intentaré, pero no creo poder lograrlo."
Maru: "Mejor así."
========

El sábado, día de la boda religiosa, a las 10 de la mañana, llegamos a la Catedral. La tercera esposa del papá de Maru, una señora muy distinguida, de sociedad, orgullosa de su alcurnia y con cientos de amistades, a quienes invitó a la boda, contrató los arreglos de la Catedral. Una alfombra roja se extendía desde la puerta hasta las gradas del altar.

Colección de Anécdotas Amoroso Sexuales Anécdotas: 26 a 33

Las naves principales, ocupadas por los invitados, estaban cubiertas con flores, parecía un mercado de flores. Las mujeres muy elegantes, luciendo sombreros a la moda. Señores luciendo fracs con cola, un despliegue de corbatas pajarito. Parecía un desfile de modas, una fiesta de gala y no un simple matrimonio religioso.
Mi papá, mis cinco hermanas con sus esposos, se sentaron en una nave lateral. Mi mamá y yo parados cerca de las gradas del altar.

Eran la once y media de la mañana y la novia no llegaba. El bullicio de los comentarios aumentaba. Los tres sacerdotes, cómodamente sentados, en bancos adornados en el altar mayor.
========
ToTTó: "¿Por qué me tienes sujetado del brazo, cono si fuera a tu rehén?
Hortensia: "Para que no te escapes. Te conozco, haces tonteras cuando estás cansado de esperar."
ToTTó: "No pretendo alejarme de ti. Creo que la novia se arrepintió, con justa razón. No soy un buen esposo."
Hortensia: "¿Cómo lo sabes, si no estás casado todavía?"
ToTTó: "Tienes razón. Estoy a tiempo todavía. Viva la libertad."
Hortensia: "Tu quieto sin hablar tonteras. Cálmate. Maru merece un hombre mejor que tu."
ToTTó: "Ja. Ja. Ja. ¿Crees que lo encontrará?"
Hortensia: "Cállate que estás llamando la atención."
ToTTó: "Los dos llamamos la atención."
Hortensia: "Soy tu madre y se lo que te digo. "
ToTTó: "Eres mi mamacita querida. Mi padre dice: 'pater semper incertus est", pero de la madre no se puede dudar."
Hortensia: "Cállate. Andas repitiendo las tonteras que dice tu padre Eres incorregible, te lo he dicho muchas veces."
ToTTó: "Te hago un trato. Me callo si vamos y nos sentamos con los curas, allá en el altar. Esperamos cómodamente, observamos a la concurrencia, a ver si tu reconoces a alguien. Ja. Ja .Ja."
Hortensia: "Tienes cada ocurrencia. Todo lo tomas a broma, pareces un payaso. Haz salido a tu padre."
ToTTó: "Creo que tengo más de ti que de mi padre. Ja. Ja. Ja."
Hortensia: "Ojala fuera así."

Antonio de Pórcel Flores Jaimes Freyre

ToTTó" ¿Tienes una idea de dónde estará la novia?"
Hortensia: "Eso no importa. Lo que importa es que tu estés acá calladito, esperando."
ToTTó: "Estamos parados acá, como estatuas a la vista del público, para que las gentes nos contemplen y tengan suficiente material para hablar mal de nosotros. ¿No estás cansada de estar parada?"

Hortensia: "No estamos esperando tanto rato. Acuérdate de las colas que hacíamos, para recoger el pan después de la revolución, a las cuatro de la mañana, algunas veces lloviendo. Entonces tu no te quejabas tanto."
ToTTó: "Valía la pena, esperábamos el pan, no a la novia."
Hortensia: "Ya debe estar por llegar. Ten paciencia."
ToTTó: "¿Cómo lo sabes?"
Hortensia: "Porque el arzobispo está entrando al altar."
========
Hortensia tenía razón, se oyó la marcha nupcial, el órgano a todo dar. Arriba en el coro vi a mis 10 amigos parados, tratando de ver a la novia. Aunque no tenían invitación, me prometieron ser los últimos en salir de la casa de mi suegro, después de la recepción.

Maru estaba divina, eso es todo lo que les puedo decir. Ustedes pueden imaginarse el resto. Caminando graciosamente, siguiendo un cortejo de doce damas, muchas niñas con canastas debidamente adornadas, echando flores a granel, dos niños vestidos de pajes, con sombreros antiguos, adornados con lindas plumas. El hijo de la hermana de Maru (mi futura cuñada) llevando en una charola de fina plata, los aros. La novia del brazo de su papá. Él luciendo un frac de cola, muy elegante.
========
ToTTó: "Mira mamá, ahí viene la novia, en procesión. Parece la inquisición. ¡Líbrame Dios santo!"
Hortensia: "Compórtate como es debido. Cállate. No es hora de hacer tus bromitas. "
ToTTó: "En eso tienes razón. Es hora de penitencia. Ja. Ja. Ja.
========
La novia llegó final del desfile. Mi madre me empujo, disimuladamente a que me acerque a la novia. Maru sonriendo, celebrando su conquista.

162

Colección de Anécdotas Amoroso Sexuales Anécdotas: 26 a 33

Mi futuro suegro, de mala gana, me entregó a su querida hija. Subimos las gradas, el traje de novia era hermoso, pero muy incómodo. Maru casi se tropieza. La sujete de la cintura, gesto que no quedo desapercibido y sirvió de comentario general.

La misa fue larguísima. Después de la comunión, a la que por cierto, estábamos los obligados (arrepentidos o no) se celebró el matrimonio con todos ritos que ustedes conocen.

Lo único de interés, fue el beso apasionado, sumamente largo de Maru, que dejó con la boca abierta a muchos de los presentes, especialmente los de su familia. Los aplausos llenaron las naves. Se oyeron los gritos de felicitaciones de mis amigos, desde el coro que gritan: 'Dale Maru! ¡Dale! ¡Así se besa! ¡Dale!

Salimos de la iglesia, cubiertos con el arroz de buena suerte, que nos llovió. Un limosín, adornado con latas viejas, nos esperaba. Ordené al conductor que nos lleve directamente a la casa de doña Seferina, abuela de Maru, Maru me miró muy contenta y me dijo:
========
Maru: "Que lindo que vayamos donde mi abuela. No me importa que esperen los invitados."
ToTTó: "Tu no lo sabías. Tu abuela Seferina, me lo pidió. "
========
Al vernos llegar, Seferina se puso a llorar, no dejaba de abrazar a Maru y a mi. Nos quedamos una hora festejando con la abuela Seferina. Muy contentos y sin el mayor apuro. Total, los invitados, a los que ni siquiera conocíamos, podían celebrar entre ellos.

La celebración fue un desastre para los novios y una gran fiesta para los invitados. Apenas tuve unos minutos con mis amigos. Les recordé su promesa. Les dije que no se olviden, que un mozo debía darles, una botella de champan y otra de wiski, a cada uno, cuando se termine la fiesta. Supe que ellos salieron de la casa al amanecer del lunes.

Antonio de Pórcel Flores Jaimes Freyre

Nuestro matrimonio fue de película. Más de quinientos invitados. No conocía a la mayoría. Cortamos la torta, pero no tuvimos la oportunidad de probarla.

Después de las fotografías de rigor, mi familia, discretamente, abandonó la fiesta.

Tía Olga había ordenado preparar una canasta grande, con pedazos de la torta, bocadillos, pollo, pavo y otros manjares. Tres botellas de vino, de la cosecha de 1936 (año que nació Maru) que mi suegro había guardado para el matrimonio de Maru (él hacía su propio vino italiano). En la canasta, pusieron las botellas encima de la torta. Imagínense lo que sucedió con los pedazos de torta.

Maru, vestida de paisana, yo vestido de fiesta, abandonamos la fiesta, en una camioneta Jeep, vieja, de mi suegro. Uno de sus sirvientes, manejaba el vehículo escogido. Maru sentada en el medio, yo al lado de la ventana, bien apretaditos, iniciamos nuestro estupendo viaje de luna de miel al templo del Copacabana, en el lago Titicaca. Un viajecito de muchas horas.

Para mejor suerte, al llegar al Alto de La Paz, el Jeep se quedó sin gasolina. El conductor tuvo que caminar un largo trecho hasta la gasolinera para traer gasolina. Salimos del Jeep a caminar un poco. Los indios y las cholitas me miraban sorprendidos viendo mi elegante traje de fiesta y el vestido sencillo de Maru. Maru se reía a carcajadas, estaba de muy buen humor.

Debido a este pequeño percance con la gasolina, nos atrasamos, de manera que llegamos al estrecho de Tiquina a las ocho de la noche, cuando los barcos que llevan los carros de un lado al otro del estrecho, ya no estaban trabajando.

En Tiquina había sólo las pequeñas casuchas donde vivían los indios que atendían los botes. Hablé con uno de ellos. Después de ofrecer bastante dinero, lo convencí para que nos haga pasar el estrecho. Me dijo que su bote era pequeño, que era peligroso pasar la camioneta Jeep con pasajeros.

Colección de Anécdotas Amoroso Sexuales Anécdotas: 26 a 33

El Jeep pasó el estrecho en el barquito. Tuvimos que pasar el estrecho en una balsa de Totora sentados en un extremo de la balsa, el conductor del Jeep y el indio que la manejaba la balsa, en el otro extremo, llegamos al otro lado del estrecho, totalmente mojados. Maru seguía de buen humos festejando nuestra osadía.

Desde el estrecho de Tiquina a Copacabana, en ese entonces, eran dos horas de viaje. Llegamos a Copacabana las doce de la noche. El conductor del Jeep, se alojó en una choza.

El único hotel estaba cerrado a piedra y lodo, como se acostumbra decir. Toqué la puerta por una hora, hasta que una cholita la abrió. Al verme vestido tan elegante, bastante mojado, un poco asustada, me dijo:

=========
La Cholita: "Cabualleru, qui ti estas ispirando mujadito. Te dentras no más. Ti vuas a infirmar cun eisti friu."
ToTTó: "Mi esposa esta congelada en el auto."
La Cholita: "Qui te la haz dijado sulita. Qui virguiensa."
==========

La cholita fue al Jeep y ayudó a Maru a entrar en el hotel, yo las seguí sin decir palabra. *(Lo que pasó en y después de nuestra luna de miel es otra anécdota digna de otro capítulo).*

Fin de la anécdota

> > > > > ***** < < < < < <

Antonio de Pórcel Flores Jaimes Freyre

Fue el beso apasionado
sumamente largo de Maru,

que dejó con la boca abierta
a muchos de los presentes.

Los gritos de mis amigos
desde el coro que gritaban:

¡Dale Maru! ¡Dale!

¡Así se besa¡

¡Daleeee!

Apéndice E

El Orgasmo Sexual sin Amor

y el

El Orgasmo Amoroso y Sexual

Antonio de Pórcel Flores Jaimes Freyre

En este apéndice

trataré de explicar,

Con un ejemplo,

la diferencia entre un:

"Orgasmo Amoroso-Sexual"

y un

"Orgasmo Puramente Sexual"

¡Sin amor!

Colección de Anécdotas Amoroso Sexuales Anécdotas: 26 a 33
A Manera de Introducción

En este apéndice trataré de explicar, la diferencia que hay entre un: "Orgasmo Amoroso-Sexual", con amor y un "Orgasmo Puramente Sexual" sin amor.

En mi "Teoría de Amor y del Sexo" trato de explicar las diferencia que hay entre: "Hacer el Amor" y "Tener Sexo", son dos cosas muy diferentes.

Para que una pareja pueda "Hacer el Amor" ambos deben estar "enamorados", si no lo están, no pueden llegar a tener un "Orgasmo Amoroso-Sexual". El Amor primero, luego el sexo producido, como fruto del amor.

Una pareja no necesita estar "enamorada" para tener sexo, basta tener la excitación sexual, que es una necesidad. Como toda necesidad corporal, tiene que ser satisfecha.

Lastimosamente, en casi todas la relaciones sexuales, es el hombre el que queda satisfecho, después de eyacular. Generalmente la mujer, queda insatisfecha ya que tarda mucho tiempo en sentir un orgasmo puramente sexual.

Tataré de demostrar, con un ejemplo, como el hombre puede y debe tener sexo (sin o con amor), para poder satisfacer sexualmente a un la mujer.

Para ello, he copiado la Anécdota titulada: "Mis Amigas de la Cafetería" publicada en mi "Auto Biografía en un Bohemio Despistado". {*Volumen 03; Capítulo 31; Páginas 159-180*}.

Antonio de Pórcel Flores Jaimes Freyre

Ejemplo de Como Hacer el Amor
{Volumen 03; Capítulo 31; Páginas 159-180}.

Anécdota 36 (V3/115)

Virginia - Soraya - Lisa - Elva - Lina - María José
Mi Amigas de la Cafetería
- Madrid -

No todas mis experiencias con bellas mujeres, ha sido de amor, de un enamorarse paulatino, que, poco a poco, se ha ido convirtiendo en amor, forjando una común unión, una comunión, que terminaba en un maravilloso orgasmo de amor.

En mi vida he tenido muchas relaciones simplemente sexuales. En la cuales, el orgasmo de la mujer no era amoroso sexual. Es interesante hacer notar que algunas de esas relaciones, que empezaron siendo puramente sexuales, se fueron convirtiendo en relaciones amoroso-sexuales. Empezaron sexualmente y terminaron siendo amorosas.

Este es el caso de muchas amigas que, por cualquiera que sean las razones, vendían su cuerpo. Las llamaba: "Mis Amigas de la Cafetería". Mis amigas, muy elegantes y mejor maquilladas, sentadas de cuatro en cuatro, a las mesas en una cafetería, esperaban a sus clientes.

Cuando recibían el dinero de sus becas, varios residentes del Colegio Guadalupe, amigos míos, me invitaban a ir con ellos a esa cafetería. Generalmente éramos un grupo de 6 a 8 amigos, todos hispano-americanos. Los mozos ya nos conocían. Juntaban unas mesas y nos sentábamos juntos a tomar café. Cada uno pagaba su cuenta y alguno de ellos pagaba la mía, porque yo no tenía dinero.

Como quién hace nada, ellas conversaban amenamente, mientras uno de mis amigos escogía la mujer que le gustaba, para satisfacer sus necesidades. Ellas, coquetas, trababan de conquistarlos en forma bastante disimulada.

Colección de Anécdotas Amoroso Sexuales Anécdotas: 26 a 33

Cuando uno de mis amigos elegía una de ellas, llamaba al mozo y le decía cual de ellas era la escogida. El mozo, recogía su propina. Iba a la mesa de la escogida y señalaba, al cliente.

La escogida se paraba y salía de la cafetería. El cliente la seguía y partían en el taxi. Terminado el agasajo. Volvían, en el mismo taxi. Cuanto más rápido volvían, era mejor para las ellas.

Todas me conocían solamente de vista. Nunca he tenido la necesidad de pagar por sexo y, aunque la hubiera tenido, en Madrid no tenía dinero para poder darme esos lujos. Les conté que me cancelaron la beca y vivía al crédito. {*Volumen 2 ; Capítulo 14 ; Páginas: 29-42* } {*Volumen 4 ; Capítulo 34 ; Páginas: 37-58* }

Entre las señoritas, había un bastante feíta, flaca, desgarbada, no tenía muchos clientes. De manera que, no era raro que se quede solita, mientras las otras estaban estaban ocupadas en su faena. Como era muy flaca, mis amigos, burlándose de ella, la llamaban: 'La Guillete'.
Era común que ella y yo nos quedáramos sentados, observando a la concurrencia. Cuando eso pasaba, ella muy gentil, sonriéndome, ordenaba otro café para mi. La saludaba con una venia.

Un día, el mozo me dijo que ella quería conversar conmigo, que no era la costumbre, pero si yo quería, podíamos sentarnos, por un momento, al fondo de la cafetería. Estaba curioso. Acepté su pedido. Caminó a esa mesa, yo la seguí. Conversamos.
========
ToTTó: "Buenos días señorita. Me llamo Antonio, mis amigos me llaman ToTTó. Gusto de conocerla."
Ella: "Hombre, qué gentileza. Para empezar, no soy una señorita. No te digo mi nombre, porque no es necesario. Estoy curiosa. ¿A que vienes? ¿Porqué te quedas sentado? Eres el comentario general. ¿Eres homosexual?"
ToTTó: "No soy homosexual. Vengo a tomar café."
Ella: "¿Por qué no escoges a una de ellas?"
ToTTó: " No me gusta pagar por esa magnífica compañía. Aunque me gustaría, no tengo el dinero."
Ella: "¿Vives en el Guadalupe sin dinero? No te creo."

Antonio de Pórcel Flores Jaimes Freyre

ToTTó: "Por favor. No me llames mentiroso."
Ella: "Perdona. No quería ofenderte. Me sorprendiste. Eres muy susceptible. Todos tus amigos tienen bastante dinero, eso lo sabemos. ¿No tienes beca?"
ToTTó: "No tengo beca. Me la cancelaron."
Ella: "¿Qué haz hecho para que te la cancelen?"
ToTTó: "Nada. Me la canceló el gobierno de mi país. Mandaron a otro en mi lugar."
Ella: "Dirás que soy muy preguntona. Si te molesta me avisas."
ToTTó: "No me molesta. Puedes preguntarme todo lo que quieras. No tengo secretos."
Ella: "Yo si tengo muchos secretos."
ToTTó: "Me imagino."
Ella: "Si no tienes beca y no tienes dinero: ¿Cómo vives en el Guadalupe? Es un colegio famoso y muy caro."
ToTTó: "El director es amigo mío. Vivo al crédito. En el verano voy a trabajar a Alemania o otro país, ahorro mi dinero, cuando vuelvo, pago mi deuda y listo."
Ella: "Entonces, sabes como hacerlo."
ToTTó: "Si, sé. Gracias por invitarme el café."
Ella: "¡Ha! Por eso, no tienes que agradecerme."
ToTTó: "Me permites que te haga una pregunta?"
Ella: "No sé. Si quiero, la contesto, si no quiero, no la contesto."
ToTTó: "Eso me gusta de ti. Cuando estás conmigo, quiero que sepas que eres libre, puedes hacer y decir lo que quieras."
Ella: "¿Por qué dices eso?"
ToTTó: "Mi mamá, desde que era chico, me ha enseñado que debo respetar a la mujer, sin que me importe: como es, que quiere, que dice o que hace."
Ella: "¿Sabes que es lo que hago y me respetas?"
ToTTó: "Te respeto porque eres mujer, no importa lo que tu hagas. Por eso te llamé señorita, porque para mi eres una señorita."
Ella: "Primera vez que oigo decir eso. Que interesante. Tu mamá te enseño muy bien. Me llamo María Virginia. Puedes llamarme Virginia ¿Crees que podemos ser amigos? Quiero ser tu amiga."
ToTTó: "Es un honor, para mi, ser tu amigo."

Colección de Anécdotas Amoroso Sexuales Anécdotas: 26 a 33

Virginia: "¿Sabes? Me vas hacer llorar. Eres diferente. Gracias por ser mi amigo, eres mi único amigo. Ahora estoy muy feliz."
ToTTó: "Yo también estoy feliz de ser tu amigo."
========

Se acercó el mozo y nos pidió que volviéramos a nuestras mesas. Virginia me extendió su mano, la acaricié, sonriendo.

En su mesa estaban sentadas dos de ellas. No sé qué hablarían, pero de rato en rato, me miraban sin disimular. El mozo me trajo otro café. Hice un venia agradeciendo a Virginia.

Desde ese día, cuando íbamos a esa cafetería. Todas me sonreían, muy amables. Yo contestaba sonriendo. Cuando todas se iban con sus clientes. Virginia quedaba sola. Nos sentábamos a conversar un rato. Poco a poco nos llegamos a conocer.

Virginia venia de una familia de clase media alta, que vivía en Bilbao, al norte de España. Un tío la violó. Quedó preñada a los quince años. Le echaron la culpa a ella y la botaron de su casa. Una comadre la ayudó a ir a Madrid. Pasó muchas penurias y, como casi todas ellas, tuvo que dedicarse a la prostitución. Como era feíta, su tarifa era más barata. No ganaba mucho dinero, sabía manejarlo muy bien. No gastaba mucho, en ropa ni en pinturas.
Un día me dijo:
========
Virginia: "Si quieres tener sexo conmigo, sólo tienes que decirme. Sé que soy fea, pero soy muy buena."
ToTTó: "Gracias por tu linda oferta. Me encantaría hacer el amor contigo, mucho mas que tener sexo."
Virginia: "¡Qué chistoso eres! ¿Cuál es la diferencia?"
ToTTó: "La diferencia es muy grande, en calidad."
Virginia: "Estás hablando en difícil."
ToTTó: "¿Quieres que te explique?"
Virginia: "Si, quiero."
ToTTó: "¿Puedo hacerte unas preguntas, personales?"
Virginia: "Si no quiero, no te contesto. Me haz dicho que soy libre."
ToTTó: "Si, eres libre. ¿Haz tenido un orgasmo?"

Virginia: "Tu pregunta es personal. ¿Por qué me preguntas?"

ToTTó: "Por que es importante, si quieres entender cuál es la diferencia entre tener sexo y hacer el amor."

Virginia: "Tengo muchos orgasmos. Ya te dije que soy buena. ¿No me crees?"

ToTTó: "No te enojes conmigo. Pero no te estoy preguntando si eres buena para fingir, para hacer creer que tienes orgasmos, de manera que el cliente esté contento. Estoy hablando de ti como mujer a quién respeto."

Virginia: "¡Hay ya yay! En que me estoy metiendo. Parece que tu sabes mucho del sexo."

ToTTó: "Se bastante. Contesta mi pregunta."

Virginia: "Esto parece una confesión. Desde que me violaron, he sufrido tanto, que no me gusta el sexo. He aprendido, como hacer para que hombre se sienta satisfecho, en el menor tiempo posible. Muchas veces les hago sexo oral primero, eso es mejor para mi. Al cliente no le importa lo que siente la mujer, cuanto mas barato, mejor para ellos."

ToTTó: "Otra pregunta. ¿Te masturbas?"

Virginia: "Ya te dije que no me gusta ni me importa el sexo. No me masturbo. Antes lo hacía, pero es muy aburrido, tardo mucho tiempo para poca cosa."

ToTTó: "Entonces no haz tenido un orgasmo de amor. No sabes lo que es, ni como lo siente la mujer."

Virginia: "No te entiendo. Parece una teoría."

ToTTó: "No es una teoría. Para tener un orgasmo de amor, es necesario estar enamorada. El amor primero y después el sexo. No al revés, como sucede casi siempre. Pocos hombres saben esto, para ellos el sexo es primero, se olvidan de la mujer, no la respetan. No les importa si hay amor. Además, la mujer tarda más tiempo antes de tener un orgasmo."

Virginia: "Es interesante lo que dices. No lo he oído antes. Si el hombre respeta a la mujer, entonces tiene que esperar a que ella esté satisfecha. ¿Eso quieres decir?"

ToTTó: "Eso y mucho más. Para que la mujer tenga un orgasmo de amor, tiene que sentirse amada, deseada, como una reina. Su orgasmo primero se produce en su mente, en su inconsciente y después en su vagina. Su orgasmo amoroso, es como un sueño."

Colección de Anécdotas Amoroso Sexuales Anécdotas: 26 a 33

Virginia: ¿Puede el hombre tener un orgasmo de amor?"

ToTTó: "Si puede, pero es más difícil que él lo tenga. El hombre no tarda en eyacular el semen, entonces tiene su orgasmo puramente sexual sin amor y queda satisfecho. Eso le es suficiente."

Virginia: "¿Porque es más difícil para él?"

ToTTó: "Para que, el hombre tenga un orgasmo sexual con amor, tienen ambos que estar enamorados. Antes de entrar en ella, debe demostrarle su amor, amarla antes, durante y después da la unión sexual. Pene-entrarla solamente cuando la mujer esté lista para sentir su orgasmo, non antes. Sentir como su vagina pulsa cuando el pene entra. Entonces la eyaculación del hombre es mágica, el hombre tiembla todo, se entrega a la mujer con amor, olvidándose de si mismo."

Virginia: "¿Tu has tenido ese orgasmo de amor?"

ToTTó: "Muchas veces, con mujeres, a las que he amado y sigo amando. Primero es el amor y después es el sexo amoroso."

Virginia: "¿Si lo haz tenido, crees que puedas tenerlo conmigo?"

ToTTó: "Creo que si. Pero tenemos que estar enamorados, amarnos y respetarnos mutuamente."

Virginia: "¡Qué lindo sería! Me estás haciendo antojar. Dices que lo haz tenido con muchas veces. ¿No se ponen celosas?"

ToTTó: "Si me aman, se respetan a si mismas y me respetan, no se ponen celosas."

Virginia: "¿Cómo es eso? No lo entiendo."

ToTTó: "Los celos nacen cuando una persona cree que el amante o la amante le pertenece, cuando trata a la otra persona como si fuera un objeto, no la respeta como persona. Nacen del miedo de perder algo que tienen, que poseen, del miedo de perder el amor de la otra persona. "

Virginia: "No sabía que son los celos. Yo no soy celosa, no amo a otra persona. No sé lo que es amar."

ToTTó: "Cuando una persona ama, está enamorada, no tiene la necesidad de poseer a la persona amada. Amar es todo lo contrario. El amor es entrega total, sin condiciones. La persona que ama, quiere que el amante sea feliz. Ese es el verdadero amor. Los celos no nacen del amor, sino de la necesidad de ser amada."

Virginia: "Entonces hay una diferencia entre amar de verdad, respetando los deseos de la persona amada y su libertad, que tener la necesidad de ser amada, de poseer a la persona."

ToTTó: "Si. Es fácil saber cuando la persona no ama de verdad, cuando necesita ser amada."
Virginia: "¿Cómo se sabe eso?"
ToTTó: "Si la persona te dice: 'Si me amas tienes que demostrarlo, tienes que hacer lo que yo quiero. Si no lo haces quiero, quiere decir que no me amas. Esa persona necesita ser amada y no ama de verdad."
Virginia: "Parece que es una manera de obligar a la otra persona, de quitarle la libertad y de mantenerla bajo su poder. No se respeta la libertad de la persona."
ToTTó: "Lo haz dicho perfectamente. La persona que necesita ser amada, no respeta a la otra persona, ni se respeta a si misma. Trata de dominar a la persona que dice que ama."
Virginia. "Hay ToTTó. Tengo tanto que aprender. Estoy feliz de ser tu amiga. ¿Crees que podemos llegar a enamorarnos? Quisiera sentir ese orgasmo de amor."
ToTTó: "Somos amigos, todo puede pasar. Tenemos que dar tiempo al tiempo. El amar es como una plantita que hay que cultivarla. Nace de la amistad, poco a poco. Es posible que llegaremos a enamorarnos. Me gustaría mucho amarte de verdad y que tu me ames."

========

Paso el tiempo, seguíamos conversando algunas veces. Llegamos a conocernos. Virginia era una persona maravillosa, amorosa, tierna, dulce y muy inteligente.

Mis Amigas Rosa y Leticia

Les conté en otro capítulo, que mi is amigas: Rosa y Leticia tenían amigos en la embajada de Bolivia en Madrid. {Volumen 4; Capítulo 34; Páginas 37-58}. Un día es de esos, me llamó Leticia diciéndome que un amigo de ella, que trabajaba en la embajada de Bolivia, quería hablar conmigo. Tenía que preparar una recepción, al ministro de educación su comitiva, quienes que llegarían en una visita oficial a Madrid. Me dio el nombre de su amigo.

Llamé al empleado de la embajada e hice una cita con él. Esta fue nuestra conversación:

Colección de Anécdotas Amoroso Sexuales Anécdotas: 26 a 33
========

El señor: "Hola Antonio, me llamo Pedro B.. Gracias por venir. Ojala que nos puedas ayudar. El ministro de educación y su comitiva llegan en dos semanas. Me han encargado hacer los preparativos privados para su comitiva."

ToTTó: "Me puedes llamar ToTTó, es mi sobre nombre. ¿Dices que necesitas ayuda, con los preparativos privados? No te entiendo."

Pedro B. "Ellos quieres divertirse un poco. Sabes, pasarla bien. No todo es trabajo."

ToTTó: "Todavía no te entiendo. Si quieres que te ayude, tienes que hablar claro. Ten confianza en mi. Todo lo que hablemos quedará entre nosotros."

Pedro B. "¿Lo dices de verdad? ¿Puedo confiar en ti? Te cuento que vienes muy bien recomendado."

ToTTó: "¿Puedo saber quien me recomendó?"

Pedro B. "Tu primo, que es muy amigo del embajador."

ToTTó: "Está bien. ¿Qué necesitas?"

Pedro B. "Después de las reuniones, antes que vuelvan a La Paz, quieren tener una fiestita privada. Yo me encargo del local. ¿Puedes conseguir algunas mujeres? Ya sabes a quienes me refiero."
========

Pensé en Virginia y en el negocio que ella podía hacer.
========

ToTTó: "Creo que puedo. ¿Cuántas necesitas?"

Pedro B. "Todas las que puedas."

ToTTó: "¿Que presupuesto tienes?"

Pedro B. "Sin límites, de eso no te preocupes. Me dices cuanto y te doy el dinero en efectivo. ¿Qué te parece?"

ToTTó: "¿Que clase de recibos necesitas?"

Pedro B. "Te dije que esto es personal, no se necesitan recibos. Pero, por favor, no me traigas algo que no sirva."

ToTTó: "Las quieres fresquitas y bonitas, me figuro."

Pedro B. "Si eso se puede conseguir, mucho mejor."

ToTTó: "Pero te costaran más dinero. No son baratas."

Pedro B. "Ya te dije que no te preocupes del dinero, traes una para mi y otra para ti.

ToTTó: "¿Cuantas personas estarán en la fiestita?"

Antonio de Pórcel Flores Jaimes Freyre

Pedro B. "Sólo las personas importantes."
ToTTó: "¿Cuantas necesitas?"
Pedro B. "Contándonos, unas 15 ñatas. Si se necesitan más, que tomen turnos."
ToTTó: "¿Para cuantas horas?"
Pedro B. "Toda la noche del viernes. La fiesta va ser fantástica si traes buenas hembras."
ToTTó: "¿Qué viernes?"
Pedro B. "El viernes de la próxima semana."
ToTTó: "Me estas dando muy poco tiempo. Sólo una semana."
Pedro B. "Yo sé que tu las puedes conseguir."
ToTTó: "A último momento, son más caras."
Pedro B. "Ya te dije que no te preocupes del dinero."
ToTTó: "¿Cuando me darás el dinero?"
Pedro B. "Cuando sepas cuanto dinero. El dinero ya está listo. Te entrego el dinero el Miércoles, dos días antes de la fiesta. "
ToTTó: "¿Donde va a ser la fiesta?"
Pedro B. "Estoy contratando un hotel, que tenga una sala grande."
ToTTó: "¿Tu te encargas de toda la preparación?"
Pedro B. "No, eso se contrata con un servicio profesional. Sólo me encargo de las picochas. Esto es muy privado, no puede ser oficial."
ToTTó: "Eso entiendo. Tú no te preocupes por los arreglos, yo por las pichochas. No me preocupo por el dinero. Te voy a llamar cuando estén listas."
Pedro B. "Cuando llames, le dices a la recepcionista que te conteste, que haz llegado recién y quieres hablar conmigo, porque somos amigos. Nada más."
ToTTó: "Eso le diré."
Pedro B. "Te diré donde nos encontramos, para darte el dinero."
ToTTó: "Perfecto. Manos a la obra. La pasaremos lindo en la fiestita. Recomendaré a la más linda para ti ¿Qué te parece"
Pedro B. "Para eso están los amigos."
========
No estaba interesado en el dinero, ni en la fiestita, aunque tenía a la fuerza que participar.

Colección de Anécdotas Amoroso Sexuales Anécdotas: 26 a 33

Era un gran negocio para Virginia y una buena oportunidad para sus amigas, que no se podía desperdiciar. Necesitaban 15 pichochas, como él dijo, por una noche, sin contar a Virginia. No tenía idea de cuanto podrían cobrar.

Al día siguiente fui a la cafetería. Ellas estaban ahí. Señalando a Virginia, le dije al mozo con quién quería estar. Virginia se paró y salió. La seguí. El taxi estaba esperando. El taxi nos llevo a un hotel. Virginia estaba toda sorprendida. Entramos al hotel, nos dieron la llave de un cuarto. Yo no tenía dinero, Virginia pagó. Entramos al cuarto. Virginia sorprendida me dijo:
========
Virginia: "¿Qué hacemos aquí?"
ToTTó: "Un negocio que te va a gustar."
Virginia: "Tu y tus bromas. ¿Qué negocio?"
ToTTó: "¿Cuantas amigas disponibles para una noche tienes?"
Virginia: "¿Estás loco? ¿Qué te propones?"
ToTTó: "Ya te dije un buen negocio."
Virginia. "Tenemos poco tiempo, el taxista esperando."
ToTTó: "No importa que esperé."
Virginia: "Sera más caro y sé que tu no tienes dinero."
ToTTó: "No te preocupes. Es un negocio de mucho dinero."
Virginia: "¿Te estás burlando de mi?"
ToTTó: "Claro que no. ¿Cómo se te ocurre? Sabes que te respeto."
Virginia: "Perdona, pero estoy nerviosa."
ToTTó: "Bueno, no te hago esperar más. El viernes de la próxima semana, hay una fiesta particular. Necesitan 15 de tus amigas, para toda la noche. Puedes cobrar lo que tu quieras. A tus amigas les pagas lo que sea justo y te quedas con el resto."
Virginia: "¿Qué dices? ¿Quien da la fiesta? ¿No es peligroso?"
ToTTó: "Te digo quien da la fiesta, pero es confidencial, no lo puedes publicar, ni decirles a tus amigas. La fiesta es de una embajada para una delegación que ha llegado. No necesitas saber más."
Virginia: "¿De una embajada? ¿Cómo lo haz conseguido?"
ToTTó: "Por casualidad. Tengo un primo que me recomendó. Eso no importa. Buen negocio, puedes cobrar lo que quieras."

Virginia: "¿Tu no quieres el dinero? Podemos partirnos."
ToTTó: "Acepté el negocio pensado en ti y en tus amigas. A mi no me interesa el dinero. Es tuyo."
Virginia: "¿Vas a estar en la fiesta?"
ToTTó: "Tengo que estar a la fuerza. Además, no te dejaré sola. Ahí estaremos los dos, serás mi pareja, si quieres."
Virginia: "Claro que quiero."
ToTTó: "Te dije que es para el viernes de la próxima semana, no tienes mucho tiempo. ¿Puedes hacerlo?"
Virginia: "Si, puedo hacerlo. Ahora mismo hablo con las chicas, Quizás consiga algunas más."
ToTTó: "El dinero es tuyo, tu lo manejas, te arreglas con ellas."
Virginia: "Se como hacerlo. Les pago bien para que estén contentas y me quedo con el resto, ya que tu no lo quieres."
ToTTó: "Me avisas cuanto dinero quieres para pedirlo. Me lo entregan dos días antes."
Virginia: "Dijiste que la fiesta es para una embajada?"
ToTTó: "Te dije que es confidencial."
Virginia: "Ahora que lo pienso. Es un buen negocio, parece fácil de manejar. Quizás me dedique a eso. Ya veré en la fiesta como se puede hacer. Gracias a ti. No se de donde sacas todas estás cosas, parecen de película."
========

Fuimos a la fiesta que resultó muy buena. Virginia y yo conversando, ella observando todo, con su ojo clínico. A nadie le importó nuestra presencia. Las niñas mostrando sus encantos, haciendo creer a los jóvenes, que ellos eran muy machos.

Presenté Virginia a Pedro B., diciéndole que él debía ponerse en contacto con ella, directamente, cuando le sea necesario. Pedro estaba feliz con una linda rubia. Dijo que si, lo haría para la próxima fiesta y que la recomendaría a otras embajadas, porque la fiesta era de primera. Me quedé toda la noche con Virginia. Así empezó nuestro idilio. *(Pero esa es una anécdota digna de otro capítulo).*

Varios días después de la fiestita de la embajada, el manco me dijo que mi amiga Virginia me había llamado y me dio el mensaje con su número de teléfono. La llamé de vuelta:

Colección de Anécdotas Amoroso Sexuales Anécdotas: 26 a 33

========
ToTTó: "Hola Virginia."
Virginia: "Hola Antonio, que bien que me llamas. Estaba un poco preocupada. Hace días no te vas a la cafetería. Todos los días mis amigas me preguntan por ti. Quieren conocerte."
ToTTó: "He estado bastante ocupado, tratando de arreglar mi asunto de la universidad. ¿Cómo estás?"
Virginia: "Estoy muy bien gracias a ti. Las chicas muy contentas. Quieren hacer una velada para darte las gracias."
ToTTó: "Me alegro que estén contentas. ¿Una velada?"
Virginia: "Bueno, no es una velada, quieren reunirse contigo, en mi departamento, comer algo y pasarla bien. En realidad, creo que quieren conocerte un poco más, después de la fiestita, me hicieron muchas preguntas. ¿Aceptas?"
ToTTó: "Claro que acepto, muy honrado. Me parece bien. Será un placer pasar un rato agradable contigo y tus amigas."
Virginia: "¿Mis amigas? Son tus amigas también."
ToTTó: "Ya lo sé. Es una forma de decir, nada más. Tú, tranquila. ¿Cuando es la velada?"
Virginia: "El miércoles en la tarde, la cafetería estará cerrada."
ToTTó: "Ahí estaré. Dame la dirección. ¿A que hora es?"
Virginia: " A eso de las 2 y media, un simple comida. No necesitas la dirección, te recogeré del Guadalupe, en un taxi. Me esperas afuera, en la puerta."
ToTTó: "Esta bien, así lo haré. Muchas gracias."
Virginia: "No agradezcas por adelantado. Creo que te harán trabajar. Ja. Ja. Ja."
========
Intrigado, por su respuesta, no supe que pensar.

Es Miércoles, llegó Virginia en el taxi que yo ya conocía. Me saludo el conductor:
========
El Conductor: "Buenas tardes Don Antonio. Usted me conoce. Me llamo Ernesto, para servirlo."
ToTTó: "Gusto de verlo, Ernesto. Gracias por venir a recogerme."
Ernesto: "El placer es mío. A su servicio."
========

Antonio de Pórcel Flores Jaimes Freyre

Entré en el taxi, me senté al lado de Virginia. Me besó cariñosamente.
========
Virginia: "Eres puntual. ¿Esperaste mucho tiempo?"
ToTTó: "Cinco minutos."
Virginia: "No vivo muy lejos. Ya te están esperando. Cada una trajo un plato para la comida. Creo que te va a gustar."
ToTTó: "Claro que me va a gustar. Me dijiste que me van a hacer trabajar. ¿Qué les haz contado de mi?"
Virginia: "No seas impaciente. Prepárate. Ja. Ja. Ja."
ToTTó: "Así que no me lo quieres decir."
Virginia: "Para que arruinar la sorpresita. Te conozco. Se que te gustará y que divertirás. Como dices: 'Tu tranquilo'."
========
Seguí su consejo, me quedé tranquilo.
Su departamento, bastante grade, arreglado con muebles simples, pero de buen gusto. Quince bellas mujeres esperando, todas muy elegantes. Cuando entré, se acercaron y me besaron en las mejillas, dándome la bien venida, diciendo su verdadero nombre, que, claro está, no llegué a memorizar ese momento.

Me sorprendió la mesa grande, Virginia notó mi sorpresa y dijo"
========
Virginia: "No te sorprendas, este departamento era uno de los que tenía mi madre. Es lo único que heredé de ella."
========
Una de Ellas: "Soy Soraya, la familia de Virginia tenía dinero. Ya te contará su historia. La comida está lista."
========
Mi hicieron sentar a la cabecera, Virginia, lejos, al frente, al otro lado de la mesa. Todas sentadas, pasando los platos de comida, contentas hablando, todas a la vez, costumbre española. La comida esquicita. El vino no faltaba. Después del almuerzo, pasamos a la sala, que era, mas bien, un salón bastante elegante.

Empezó la sorpresita de la que me habló Virginia. Ella sentada a mi lado en el sillón grande, ellas repartidas cerca, cada una acomodada como quería, una exposición de belleza.

Colección de Anécdotas Amoroso Sexuales Anécdotas: 26 a 33

========
Virginia: "Antonio, Sofía quiere preguntarte algo."
Sofía: "Virginia nos ha contado tus historias. Queremos saber si son ciertas y no son sólo tus inventos. No te ofendas, por favor."
ToTTó: "No tengo porque ofenderme. Somos amigos. Ustedes son libres. Pueden preguntar todo lo que quieran."
========
Otra de ellas me dijo:
========
Lisa: "Me llamo Lisa. Todas estamos muy curiosas. ¿Qué es eso que llamas 'Orgasmo Amoroso'? ¿Existe de verdad? Parece un cuento de tu imaginación. ¿Puedes explicarnos, por favor?"
ToTTó: "¿Un examen de competencia? ¿Cual es el diploma?"
Virginia: "Ya llegará. Tranquilo. Contesta las preguntas."
Sofía: "Si, tú tranquilo, explicamos por favor. "
Todas: "Si, si. Cuéntanos todo lo que sabes, queremos saber is es verdad, todo lo que nos ha contado Virginia. "
========
Me armé de valor. Era un desafío que no esperaba. Era muy fácil conversar de ese tema con una persona en forma personal, pero dictar una especie de conferencia, a un grupo de mujeres hermosas, ávidas y curiosas, era algo muy diferente.
No estaba preparado para ello, pero no me podía negar. Tenía que hacerlo. Empecé mi explicación, tratando de ser lo más conciso posible.
========
ToTTó: "Por favor, levanten el brazo aquellas que han tenido un orgasmo sexual."
========

Todas se miraron, un poco sorprendidas y confundidas. Ninguna levantó el brazo.

========
ToTTó: "Ninguna de ustedes ha tenido un orgasmo sexual. No lo puedo creer."
Sofía: "¿Por qué preguntas? Eso es personal."

Antonio de Pórcel Flores Jaimes Freyre

ToTTó: "Porque de eso se trata. No es personal. Somos amigos, no debemos tener secretos, si es que nos respetamos. Yo las respeto como mujeres. Respeto a todas las mujeres, mi mamá me lo enseño desde que era chico. Espero que ustedes me respeten. Lo que les voy a decir, merece y tiene que ser respetado. Si ustedes quieren de veras entenderlo, tiene que tomarlo en serio."
Virginia: "Antonio tiene razón. Esto no es un juego."
ToTTó: "Preguntaré muchas cosas personales, porque es necesario, no por curiosidad. Es necesario que ustedes piensen seriamente y contesten mis preguntas sin tener mi sentir vergüenza."
========
Se miraron la una a la otra. Cuatro levantaron el brazo.
========
ToTTó: "Expliquen lo que sintieron. Si el orgasmo fue con otra persona haciendo sexo, o fue masturbándose."
=======
Sofía: "Yo tuve una vez con un hombre y otros masturbándome."
ToTTó: "¿Cómo fueron los orgasmos que tuviste masturbándote? ¿Fueron diferentes o iguales al orgasmo que sentiste con él?"
Sofía: "¡Hay señor, qué preguntita! No fueron iguales. Cuando me masturbo son más fuertes y un poco más largos, con él fue rápido y débil. No quedé satisfecha."
ToTTó: "Explícanos que sentiste, si es que puedes."
Sofía: "Una fuerte sensación, una excitación sexual que duró un poco tiempo. Luego nada más."
ToTTó: "¿Quedaste satisfecha con el hombre?"
Sofía: "No quede satisfecha."
ToTTó: "Estabas enamorada de él?"
Sofía: "No estaba enamorada, él me gustaba. Fue hace tiempo."
ToTTó: "¿Cuantas veces tuvieron sexo?
Sofía: "Varias veces. Sólo una vez tuve un orgasmo. Las otras veces quedaba insatisfecha, me masturbaba, mientras él se dormía."
ToTTó: " Entonces no hicieron el amor. Sólo tuvieron sexo. ¿Qué piensan las demás que tuvieron orgasmos?"
========

Colección de Anécdotas Amoroso Sexuales Anécdotas: 26 a 33

Las otras tres contestaron:
========

Elba: "Soy Elba. Nunca tuve orgasmos con un hombre. Sólo tengo orgasmos masturbándome. Con hombres no es necesario. Es más fácil hacerles creer, que tengo grandes orgasmos. "
Lina: "Soy Lina. Lo mismo que Elba no tuve orgasmos con un hombre. Me masturbo rara vez, con vibradores, es la única manera. Son muy fuertes, acá abajo. Nada más."
María José: "Me llamo María José. Igual que Lina, pero son rápidos. No quedo satisfecha. A veces, tengo que repetirlos."
ToTTó: "¿Alguien más quiero opinar?"
Virginia: "¿Como son esos orgasmos que ellas han sentido?"
ToTTó: "Son orgasmos sexuales. El dedo o del vibrador estimulan el clítoris, que produce el orgasmo sexual. La vagina recibe la estimulación y empieza empujar, estrujar los músculos de los labios, con pequeños movimientos, que se parecen a la eyaculación del hombre. El clítoris es en realidad una especie de pene, parecido al órgano sexual masculino. Son orgasmos sexuales parecidos del hombre cuando eyacula el semen. No son 'Orgasmo Amoroso-Sexuales', porque no se producen por amor."
Elva: "Interesante lo que dices. No me lo habían explicado antes. Entonces el orgasmo amoroso es diferente del orgasmo sexual."
Lina: "¿Quieres decir que un 'Orgasmo Amoroso-Sexual', sólo se produce cuando amamos a un hombre y el también no ama?"
ToTTó: "Un orgasmo de amor se produce cuando hay amor y ambos están enamorados. Cuando una mujer ama a un hombre y él también la ama; cuando dos mujeres se aman y cuando dos hombres de aman."
Elva: "¿Crees que un 'Orgasmo Amoroso-Sexual' se produce entre mujeres? ¿Tiene experiencia en eso?"
ToTTó: "Si, tengo. Tenía una amiga lesbiana que amaba a otra mujer. Las dos se amaban, vi como ellas tenían orgasmos amoroso-sexuales. Lamentablemente las dos murieron en un accidente de auto. Me dio mucha pena. No tengo experiencia cuando se trata de dos hombres, presiento que es lo mismo."
Virginia: "¡Qué lástima! Ellas se han debido amar verdaderamente. Nosotros que las criticamos, cuando lo único que sabemos es como hacer sentir a hombres que son buenos amantes, muy machos, haciendo creer que tenemos orgasmos."

Sofía: "Es la sociedad en que vivimos."
Lina: "Entonces no vale la pena tener orgasmos sexuales."
ToTTó "Son necesarios. Así como los hombres necesitan eyacular, cuando están excitados sexualmente, las mujeres también necesitan sentir esa satisfacción puramente sexual."
María José: "No entiendo lo que quieres decir. Primero dijiste que era un orgasmo puramente sexual y no de amor. Ahora dices que los orgasmos sexuales son necesarios. ¿Cómo es eso?"
ToTTó "Es natural que las personas sientan una excitación sexual. Esa es una necesidad biológica que tiene que ser satisfecha de alguna manera, ya sea masturbándose o teniendo una relación puramente sexual."
María José: "Entonces no es necesario amar, es suficiente con satisfacer la excitación sexual como sea. ¿Por qué se necesita amar para tener un 'Orgasmo Amoroso-Sexual'?"
ToTTó: "El Amor no es una necesidad uno no tiene la necesidad de enamorarse. Es más, uno se enamora casi sin darse cuenta, sucede de repente. Uno no escoge de quien se va enamorar. Los amantes hacen el amor sin necesidad de tener sexo."
Lina: "Tienes razón. A mi ha pasado eso. Me he enamorado de un hombre mayor, él me quería mucho. Fuimos felices sin tener sexo, el no podía hacerlo. A él no le importaba lo que yo hago. Me dio mucha pena cuando él se murió. Hasta ahora lo extraño. Fueron días felices los que pasé con él."
María José: "Lo siento de veras. Me alegro que que fue así. Hubiera querido tener esa experiencia."
Elba: "No entiendo bien cual es la diferencia entre tener sexo y hacer el amor. ¿Qué es el orgasmo amoroso-sexual?"
ToTTó: "Para saber que es el orgasmo amoroso-sexual tienes que sentirlo, no hay otra manera. Quieren que explique cuantas clases de orgasmos hay?"
=========
Todas dijeron que si. Les pedí que tengan paciencia porque la explicación no iba a ser corta.
=========
Clases de Orgasmos.
ToTTó: "Hay tres clases de orgasmos:
El Orgasmo Puramente Sexual; el Orgasmo Amoroso y el Orgasmo Amoroso-sexual."

Colección de Anécdotas Amoroso Sexuales Anécdotas: 26 a 33

Victoria: "¿Puedes explicar cuales son las diferencias?"
ToTTó: "Trataré de hacerlo. El orgasmo puramente sexual es un placer corporal, una descarga de lívido, de semen en el hombre y de jugos sexuales en la mujer. Esa descarga produce la estimulación de los músculos del pene y de la vagina. El Orgasmo Puramente Sexual es una necesidad bilógica, que nace de la necesidad de mantener la especie humana, de concebir. "
Lina: "¿Si el hombre ve una mujer bonita, con falda corta, se excita sexualmente, esa es una necesidad?"
ToTTó: "Si es una necesidad sexual. Es la misma necesidad que tienen los animales. Cuando la hembra está dispuesta, el macho huele que la hembra está dispuesta, siente la necesidad de tener sexo con ella. La necesidad sexual es necesaria para mantener la especie."
Elba: "Ahora lo entiendo. El hombre ve una mujer y siente la necesidad sexual de cogerla, la coge, eyacula el semen y se satisface. ¿Porque la mujer no se satisface?"
Lina: "Elba tiene razón. ¿Porqué el hombre se satisface fácilmente haciendo sexo con cualquier mujer y la mujer queda insatisfecha?"
María José: "¿Crees que sólo el macho tienes satisfacción sexual?"
ToTTó: "Es probable que la hembra tenga satisfacción sexual. Después del acto sexual, la hembra ya no está dispuesta."
Elba: "Creo que la hembra se satisface. Tiene sexo con muchos machos, mientras esta dispuesta. La Mujer sólo tiene sexo con un hombre. El hombre termina antes que la mujer."
ToTTó: "Físicamente, es muy difícil que la mujer tenga una satisfacción puramente sexual. Para tener un orgasmo sexual, la mujer necesita la estimulación del clítoris. Durante el acto sexual, la penetración del pene no toca, no estimula el clítoris. Por eso la mujer necesita que el hombre sepa como estimular el clítoris antes de penetrala, hasta que la mujer este lista sexualmente."

========
Dos levantaron los brazos.

Antonio de Pórcel Flores Jaimes Freyre

========

Rita: "Soy Rita. Estoy fascinada con tus explicaciones y muy curiosa. Dices que no es suficiente que el hombre penetre a la mujer. ¿El hombre tiene que hacer sexo oral primero, antes de penetrala?"

========

Soy Estela: "Si, creo que es verdad lo dice ToTTó. Una vez me pasó eso, hicimos sexo oral. No llegué a tener un orgasmo. Estaba muy excitada, no puede contenerme y me oriné. A él no le gustó, se enojó conmigo, dijo que era una cochina, que era mi culpa. Ya no hago sexo oral por eso."

========

ToTTó: "El hombre debe aprender a hacer sexo oral, penetrala cuando la mujer está lista para tener su orgasmo. No debe penetrarla antes."

Adela: "¿Cómo sabe el hombre cuando la mujer esta lista?"

ToTTó: "Es difícil adivinar cuando ella está lista. Pero no es necesario adivinar. Antes de tener sexo, es mejor pedir a la mujer que diga, o muestre. cuando ella siente que está lista, para penetrala."

Mari José: "Ja. Ja. Ja. Te las sabes todas. ¿No se sorprenden? ¿Como les pides?"

========

Todas se rieron.

========

Elba: "Si, di como les pides?"

Virginia: "No es necesario que les diga como pide. Lo aprenderán a su debido tiempo. Tengan paciencia. ToTTó es mejor sigues explicando eso de los orgasmos."

Sofía: "Si, Virginia tiene razón. Entendí lo del orgasmo puramente sexual. Ahora dinos que es el orgasmo amoroso."

========

El "Orgasmo Amoroso"

========

ToTTó: "El orgasmo amoroso es un placer psicológico que se produce cuando los enamorados, muestran que se aman íntimamente con sinceridad."

Colección de Anécdotas Amoroso Sexuales Anécdotas: 26 a 33

ToTTó: "Es una descarga emotiva, amorosa que hace feliz a los amantes. Hacemos el amor cuando: tomados de las manos caminamos y nos olvidándonos del mundo; cuando nos besamos apasionadamente; cuando somos felices estando con la persona amada; cuando sentimos que la persona amada es feliz; cuando acariciamos el cabello de la amada, besamos delicadamente sus ojos; reímos y lloramos con ella. Es decir, cuando demostramos que la queremos y sentimos que ella nos quiere. Es fácil entregarnos abiertamente y enteramente a la persona amada, sin condiciones y sin esperar nada de vuelta. Es la satisfacción casi espiritual, de sentir que uno es parte del otro. El Orgasmo Amoroso es una comunión de amor. No es necesario tener sexo para sentir orgasmos de amor."

Victoria: "¡Qué lindo como lo explicas!"

María José: "Nunca pensé que hacía el amor de esa manera. Tienes razón. Hacer el amor y tener sexo para satisfacer una necesidad corporal, son dos cosas diferentes."

Elba: "¿Qué es el orgasmo amoroso-sexual?"

Estela: "Si queremos que lo expliques."

ToTTó: "Esta velada se está poniendo bastante larga."

Victoria: "Tu tranquilo, que no hemos empezado todavía. Explica lo que te piden, por favor."

ToTTó: "El Orgasmo Amoroso-Sexual" es el placer psicológico-corporal que produce la combinación del Orgasmo Puramente sexual y del Orgasmo de Amor. Para sentir un orgasmo amoroso-sexual, los amantes tienen que sentir el amor, primero en la mente y después en su cuerpo."

Elba: "¿Cómo se produce eso? Me parece imposible. ¿Es sólo una teoría?"

ToTTó: "No es una teoría. Es casi imposible entenderlo racionalmente. Para saber que es, tienes que sentirlo, vivirlo. No hay otra manera. La persona enamorada, haciendo el amor, siente una excitación sexual; esa excitación sexual es producto de la unión amorosa, no es una necesidad biológica."

Sonia: "Me llamo Sonia. Creo que entiendo lo que quieres decir. Yo he estado enamorada y he sido feliz sin necesidad estando sola, de tener sexo."

Antonio de Pórcel Flores Jaimes Freyre

ToTTó: "Sonia: ¿Puedes describir que pensabas o soñabas cuando estabas enamorada y tu amante no estaba contigo?"

Sonia: "El viajaba a menudo. Yo lo esperaba soñando que él estaba conmigo. Que volvía contento, con un ramo de flores, me abrazaba, me besaba. Yo lo besaba y lo acariciaba. Poco a poco nos quitábamos la ropa. Hacíamos el amor, muchas veces sin tener sexo, durmiendo juntos, abrazados. Conversamos abiertamente de todo, no teníamos secretos. Nos amábamos."

ToTTó: "¿Eso soñabas cuando estabas sola? ¿Pasaba toso eso cuando él volvía y tenían sexo?"

Sonia: "Era un sueño de despierta nada mas. Cuando el volvía, me besaba como de costumbre, estaba contento de verme. Algunas veces me traía un regalito. Yo quería hacer el amor primero, pero él sólo quería tener sexo."

ToTTó: "Cuando así soñabas, hacías el amor en tu mente y tenías orgasmos de amor, aunque sólo era un sueño. Si todo lo que soñabas hubiera pasado cuando él volvía, entonces hubieras podido tenido orgasmos Amoroso-Sexuales. Si él también hubiera hecho el amor contigo, antes de tener sexo, el sueño que estaba en tu mente, se hacía realidad sexualmente. Haciendo el Amor produce la excitación sexual. Para sentir y vivir un Orgasmo Amoroso-sexual, es necesario hacer el amor primero. La unión sexual amorosa nace del amor. Si no hay unión amorosa, no puede haber un orgasmo amoroso-sexual."

Elba: "¡Qué interesante" Yo también he soñado despierta muchas veces y he terminado sintiendo un deseo sexual. Me he excitado sexualmente sólo con soñar que me amaban. Varias veces he terminado masturbándome."

Victoria: "Creo que todas hemos soñado así. Pero son sueños, nada mas."

ToTTó: "Cuando esos sueños se vuelven realidades, se produce el orgasmo amoroso-sexual, el placer psicológico produce la estimulación sexual, los amantes se entregan uno a la otra alma y cuerpo, es una común-unión amorosa sexual mágica."

Virginia: "¿Cómo ese amor se convierte en excitación sexual?"

Melinda: "Si queremos que nos expliques. Parece que es imposible le que la mente controle la excitación sexual."

Soraya: "No es imposible. Cuando sueño despierta con la persona amo, me éxito sexualmente."

Colección de Anécdotas Amoroso Sexuales Anécdotas: 26 a 33

ToTTó: "El 'Orgasmo Amoroso-Sexual', empieza y produce una excitación sexual amorosa, primero en la mente de la mujer. Ella se siente preferida, amada con una reina, siente y sabe que ella es especial. Es entonces es que, su cuerpo y su alma vibran de amor. Ese vibrar amoroso, produce la excitación sexual. Los labios de la vagina se van dilatando, la vagina empieza ha producir el jugo sexual. Poco a poco, la estimulación sexual se va trasmitiendo clítoris."

Sofía: "Quieres decir que la mente produce la estimulación sexual?"

ToTTó: "La mente estimula los órganos sexuales: En el hombre se endurece el pene, listo para entrar en la vagina. En la mujer produce los jugos sexuales, los músculos de la vagina se van ensanchando poco a poco, preparando la penetración del pene."

María José: "El hombre esta listo rápidamente, la mujer no. ¿Porque es eso?

ToTTó: "Porque el hombre reacciona físicamente y la mujer reacciona, primero mentalmente. Al hombre no le han enseñado que tiene que esperar, que tiene que hacer el amor primero."

Lina: "Si es el amor que produce un orgasmo sexual, ¿Cómo siente la mujer su 'Orgasmo Amoroso-Sexual'?"

ToTTó: "Cuando ambos hacen el amor, llega un momento que la mujer ya no se puede controlar la excitación amorosa. Entonces siente, un torbellino de amor casi divino. Su vagina reacciona preparándose para la penetración del hombre en el acto sexual. Su 'Orgasmo Amoroso-Sexual" termina con las contracciones de la vagina y de la matriz. La mujer siente un amor sexual."

Elba: "Parece que la mujer siempre queda insatisfecha amorosa y sexualmente, porque el hombre sólo quiere tener sexo, no quiere hacer el amor."

ToTTó: "Orgasmo Amoroso-Sexual es la combinación del 'Orgasmo de Amor' y del 'Orgasmo Sexual'. Es decir que la mujer se vacía sexualmente en el amor."

Antonio de Pórcel Flores Jaimes Freyre

María José: "Entonces, si no hay amor, no puede haber un 'Orgasmo Amoroso-Sexual'. ¿Cómo es que el amor produce una estimulación sexual en la mujer que se siente amada?"
ToTTó: "La única forma de tratar de explicar este misterio, es pensar que el orgasmo de amor, responde a la necesidad maternal, que está viva, presente en el inconsciente de la mujer. La necesidad de ser madre, de mantener la especie humana."
Sofía: "¿Por qué piensas que el 'Orgasmo Amoroso-Sexual' responde a la necesidad de la mujer de ser madre?"
ToTTó: "Porque he oído muchas veces decir, a mis hermanas y a otras mujeres: 'Estoy feliz de llevar en mis adentros a tu hijo'. Creo que no existe una felicidad mayor, para la mujer, después del dolor del parto, que acariciar a su criatura en brazos."
Virginia: "Nos vas a hacer llorar. Estoy muy emocionada. Yo perdí a mi criatura y ya no puedo concebir. Ya no puedo ser madre."
========
Hubo un momento de silencio. Sofía y Lina se acercaron a Virginia y la abrazaron cariñosamente. Todas trataron de consolarla. Fue un momento de alta tensión, que no nos esperábamos.
María José volvió a animar la velada. Tomó una copa de vino, diciendo
========
María José: "Brindemos todas por el 'Orgasmo Amoroso-Sexual'."
========
Todas brindaron, algunas con vino y otras con sus refrescos, brindé con mi vaso de agua. Pensé que la velada había llegado a su fin, pero estaba equivocado. Calmados los ánimos, Sofía, anunció:
=======
Sofía: "Ha llegado el momento que Antonio demuestre prácticamente que es lo que el hombre debe hacer, para que una mujer tenga un orgasmo puramente sexual y quede satisfecha sexualmente. No será un 'Orgasmo Amoroso-Sexual', pero será un orgasmo sexual necesario. ¿Que opinan?"

Colección de Anécdotas Amoroso Sexuales Anécdotas: 26 a 33

ToTTó: "Un momento. ¿Qué es lo que se proponen? ¿Quieren usarme con un objeto sexual?"
Lina: "Si. Eso precisamente es lo queremos. Estamos cansadas que nos usen como objetos sexuales, aunque nos paguen. Tenemos el derecho a sentir un verdadero orgasmo, aunque sea solamente sexual. Tu eres el experto en eso, demuéstralo."
Sofía: "Soy la primera voluntaria. Antonio: ¿Que tengo que hacer?"
ToTTó: "¿En verdad quieren que lo demuestre prácticamente, o que lo explique?"
Virginia: "Ya lo haz explicado bastante. Quieren que lo demuestres prácticamente. Estamos muy curiosas. Desde la fiesta, hemos estado hablado de eso. Se que puedes hacerlo. Hoy lo haces con una de ellas. En otra ocasiones lo haces con las demás, todas me lo han pedido y están ansiosas. Se que tu puedes hacerlo."
ToTTó: "Haré lo posible. ¿Dónde hago la demostración?"
Victoria: "Mi dormitorio. Ellas lo han preparado."
ToTTó: "Lo tenían todo planeado. Ya las voy conociendo."
Lina: "Y nosotros a ti. Ja. Ja. Ja. Te llegó la hora."
Sofía: "Esto no es amor, es sexo puro, ya lo comprobaremos."
María José: "Es como lo que hacemos con los hombres, ahora ya probaremos como siente una contigo."
========
Pasamos al dormitorio que era bastante grande. La cama preparada. Una sábana limpia, dos almudadas. Todas al rededor.
========
ToTTó: "¿Donde está el baño?"
========
Virginia, me llevó al baño. En la puerta, me dijo:
========
Virginia: "Si no quieres hacerlo, no estás obligado. Creo que es culpa mía, por habladora, pero no pude controlarme."
ToTTó: "La verdad es que no esperaba esto. Quiero hacerlo. No las puedo dejar con la curiosidad."
Virginia: "Sé que puedes hacerlas sentir mujeres, como me ha hecho sentir a mi. No estoy celosa. Todo lo contrario, estoy feliz viendo y conociendo como realmente son. Las otras no te hablan, porque tienen un poco de vergüenza. Ya las irás conociendo. Discúlpame si crees que he hecho algo malo."

Antonio de Pórcel Flores Jaimes Freyre

ToTTó: "Haz hecho nada malo. Lo estás haciendo muy bien. Es fácil para mi estar con ellas. Las trataré, suavemente, con cariño, como se merecen, sin ofenderlas, respetándolas, sin lastimarlas. Gracias a ti, por darme la oportunidad de conocerlas. Yo también estoy enamorado de ti, te quiero mucho."
========
Nos besamos apasionadamente por un rato. En el baño, me quité el saco, el pantalón, la camisa, la camiseta, los zapatos y las medias, quedando en calzoncillos, listo para la demostración. Antes de salir, abrí un pequeño tocador y agarré un frasco pequeño de aceite.

Cuando entré en el dormitorio, todas me miraron curiosas. Sofía estaba desnuda, en la cama, sonriendo. Las otras observando de cerca. Me acerqué a la cama, traía en la mano el frasco.
========
Sofía: "Estoy lista. ¿Te gustó? ¿Qué traes en la mano?"
ToTTó: "Me gustas mucho, eres hermosa y muy sensual.
Te das la vuelta por favor, voy a darte un masaje, te va a gustar."
=========
Sofía, un poco sorprendida me hizo caso. Me hinque a su lado. Me froté las manos con un poco de aceite. Empecé acariciando suavemente su cuello, descendiendo poco a poco, por su espalda hasta llegar a sus glúteos, volviendo a subir a su cuello varias veces, cadenciosamente, con mayor sensualidad.

A medida que hacía el masaje, me quedaba más tiempo en sus glúteos, bajando a sus muslos, separando poco a poco, sus piernas. Acariciando sus piernas. Subiendo. poco a poco, hasta sus glúteos, empecé a jugar con ellos, cerrándolos y abriéndolos delicadamente. Con mis manos entre sus muslos, haciendo firuletes, empecé a excitarla sexualmente.

El olorcito que producen los jugos sexuales no tardó en hacerse sentir. Ese olorcito lo producen los músculos de su vagina al ensancharse. Su excitación sexual era producida por la estimulación del masaje. Ella estaba a punto, casi lista para sentir su porgasmo.

Colección de Anécdotas Amoroso Sexuales Anécdotas: 26 a 33

Era hora de empezar a excitarla, haciendo suaves caricias al rededor de su vagina, una y otra vez, teniendo cuidado de no tocar los labios menores ni el clítoris, para que la excitación sea lenta y vaya adquiriendo más fuerza. Aumentaron los olores sexuales.

A medida que su deseo sexual se incrementaba, empezó a moverse sexualmente, movimientos sexuales involuntarios. Miré al rededor, todas estaban atentas, observando. Algunas se acercaron un poco más a la cama. Sonreí, ellas sonrieron complacidas.

Seguí con los juegos al rededor de su vagina, acariciando suavemente, los labios mayores, y. poco a poco, acariciando los labios menores. Fui aumentando, rítmicamente, la intensidad y la velocidad del movimiento, haciendo vibrar los labios menores, cerrando y abriendo delicadamente, su vagina con los labios mayores

Su vagina estaba completamente mojada. Era tiempo de estimular el clítoris, si quería acelerar su orgasmo. Pero tenía que aminorar la excitación, para que su orgasmo sea mas lento, más intenso y dure mas tiempo. Tenía que darle un poco mas de tiempo, disminuyendo su excitación sexual.

Al oído, cuchicheando amorosamente le dije:
========
ToTTó: "¿Amor, que linda eres, te amo. Date la vuelta, por favor."
========
Me miro sonriendo, una mirada perdida, como si no estuviera presente. La ayude a darse la vuelta, echada de espaldas. Su excitación sexual disminuyo, como yo lo esperaba.

Excitándola amorosamente, seguí con un masaje suave y erótico, acariciando sus cabellos, su frente, chupando suavemente sus orejas, besando suavemente sus labios

Sonriendo, con sus ojos cerrados, movió su cuerpo coquetamente, aceptando las sensaciones y mis caricias Le dije cuchicheando:

Antonio de Pórcel Flores Jaimes Freyre

========
ToTTó: "Amor, me estoy enamorando de ti. Qué bella, que hermosa eres. Te amo."
========

Abrió los ojos, con una mirada perdida, como si estuviera soñando.

Seguí con un masaje suave y erótico.

Empecé a masajear su cuello, bajando, poco a poco a sus hombros, resbalando hacia sus senos. Acaricié, uno por uno sus senos suavemente. Juguetonamente, empecé a besar sus pezones, se pusieron duros.

Varias veces, mis manos acariciaban suavemente su estomago, haciendo firuletes en su ombligo, bajando hasta su pelvis y volviendo a subir a sus senos. Respondió con un largo suspiro, moviendo sexualmente su cuerpo.

La ayudé a doblar sus rodillas, sus pies pisando la mesa, piernas juntas, cerradas. Seguí masajeando sus muslos. Ella fue abriendo, poco a poco, sus piernas. Continúe el masaje, acariciando sus músculos, bajando hasta sus pantorrillas, subiendo despacio por la parte de atrás de sus piernas, bajando despacio hasta sus glúteos y luego acariciando suavemente su vagina. Ella poco a poco fue abriendo mas sus piernas.

Estaba lista para para que mis labios jueguen con su vagina. Era momento de besar y chupar suavemente, los labios de su vagina. Puse mi cabeza entre sus piernas y empecé a jugar con los labios mayores, sin tocar lo labios menores ni el clítoris. Todas estas caricias muy lentas, al principio, aumentando la presión y la velocidad paulatinamente, respondiendo a sus movimientos sensuales de su pelvis y de sus caderas imitando hacer el amor. Tratando de adivinar, de intuir su estado de excitación sexual. Poco a poco, su respiración fue cambiando, más y más relajada, preparándola para su clímax.

Colección de Anécdotas Amoroso Sexuales Anécdotas: 26 a 33

Los movimientos sexuales de su cuerpo iban en aumento. Sin ver, adivinada que sus labios temblaban, abría y cerraba la boca y los ojos, moviendo su cabeza de un lado para el otro. Sentía que su cuerpo temblaba y ella trataba de inclinarse hacia mi.

Después de un momento sentí que ella ya no podía controlar su orgasmo. Mi lengua jugando con su clítoris, variando la intensidad y la velocidad del movimiento.

Llegó su orgasmo, con movimientos impetuosos, casi gritando, hasta que, en su furor, con sus dos manos empujó mi cabeza contra su vagina, con tal fuerza, que casi perdí la respiración. Eso era normal, estaba preparado, respirando por un lado de la boca. Cuando soltó mi cabeza, con la palma de mi mano, hice presión en su vagina para que se vaya calmando.

Cuando estaba mas calmada y relajada, le dije a su oído:
========
"Amor que linda eres y que feliz me haces. ¿Te gustó tu orgasmo?"
========
Muy contenta se quedo quieta por un momento. Luego se sentó, me miro coquetamente, me beso en los labios, un beso largo y dijo:
========
Sofia: " Que lindo. Primera vez que tengo un orgasmo. Ahora estoy rendida. Gracias mi amor, desde ahora eres mi amor, yo también te quiero. Creo que me enamorado de ti. Este ha sido un orgasmo amoroso-sexual. Ahora se como se siente una, ya no tienes que explicármelo. Nunca podre olvidar este día."
========
Se acercaron a ella, la abrazaron.
Estaba totalmente despeinado, oliendo a sexo, eso no les importó. Virginia me dijo:
========
Virginia: "Veo que estás cansado. Lina quiere ser la segunda. ¿Cuándo puedes complacerla?"
ToTTó: "Lina se merece un masaje como el de Sofía. Cuando ella quiera, lo hacemos.

Antonio de Pórcel Flores Jaimes Freyre

Lina: "Gracias ToTTó. El sábado en la noche, si quieres y puedes, duermes conmigo. Ya hable con Virginia. Te esperamos aquí."
ToTTó: "Si, quiero. Gracias a ti bella mujer, será un placer."
========
Las demás me hicieron prometer que lo haría con cada una de ellas. Se repitió la velada varias veces, en el departamento de Virginia. Así fue que llegué a conocer a todas estas maravillosas mujeres: Mis Amigas de la Cafetería. Mujeres hermosas, inteligentes, humildes, sencillas y cariñosas, que he tenido la suerte de conocer y de amar.

No he podido olvidarlas. Su presencia me ha acompañado y me sigue acompañando, especialmente en este momento, cuando escribo, acordándome de cada una de ellas, volviendo a gozar su felicidad.

El amor verdadero, la verdadera amistad, la entrega del Ego sin condiciones. Un amor y una amistad que acaban nunca, viven en mi memoria, en el más allá del tiempo y del espacio.

Puedo afirmar que he tenido una maravillosa monogamia con cada una de ellas, porque la verdadera monogamia es del momento, cuando se hace el amor. Es la unión de dos almas y dos cuerpos en el presente, no en el futuro.

Fin de la Anécdota

> > > > > > * * * * * < < < < < <

Colección de Anécdotas Amoroso Sexuales Anécdotas: 26 a 33

Apéndice G
Cartas de Amor a un Bohemio
Apéndice G
Cartas de Amor a un Bohemio

Eulalia

Bobby

Sor Ana

Virginia

Wolga

Celia

Marijó

Ivet

Agustina

Rebeca

Rosi

Mari L

Rosa

Lurdes

Antonio de Pórcel Flores Jaimes Freyre

"Te amo cuando

hago el amor contigo.

Recordaré ese sublime
momento amoroso
toda mi vida"

Pero mañana,
ese acto de amar,
de haber hecho el amor contigo,

será un hermoso:

"Recuerdo."

Pero te seguiré amando

Colección de Anécdotas Amoroso Sexuales Anécdotas: 26 a 33
Carta de Eulalia

Para Antonio a quien amé . . .

Yo era una solterona sin amor, profesora de piano, cuando Antonio, ya de joven, me enseño a Amar.

Mi Antonio, (como lo llamaba su mamá, mi querida amiga) me lo entregó cuando Antonio era un niño todavía. Ella quería que yo lo vuelva un pianista virtuoso. No pude lograrlo, pero eso no es importante.

Yo era un vieja, solterona, beata, que no sabía de la vida, ni del amor. Criada en un hogar muy circunspecto y religioso. Estudie piano desde pequeña.

Una vez, cuando joven, creí estar enamorada de uno de mis compañeros, pero eso no importa, porque él se fue con otra. Al principio quedé adolorida, pero, con el tiempo, se me pasó. Cosas de adolescentes.

De una manera muy sutil, que duró muchos años, Antonio me enseño a jugar con él. Todo empezó en una de las clases de piano, cuando él era todavía, un joven travieso y juguetón.

Cuando Antonio no leía la música y tocaba el piano al oído, yo le pegaba en el dedo con mi lápiz. El sonriendo, me miraba y seguía tocando. Muchas veces, ese su desplante me enojaba. Pensaba: se estaba burlando de mi.

Pasaron varios años, Antonio ya no era ese niño travieso que se reía de mi. Era un joven, muy respetuoso y delicado. Cuando recibía el golpe de mi lápiz, con un gesto chistoso, se besaba el dedo y seguía tocando al oído.

Un día, en vez de besar su dedo, tomó mi mano, me quitó el lápiz y beso, uno por uno, mis cinco dedos.

Sorprendida, al principio no supe como reaccionar. Me paré y lo miré furiosa, mientras él sonreía feliz.

Cada vez que yo usaba mi lápiz el me besaba los dedos. Hasta que un día, fue mi sorpresa. En vez de besarme los dedos, me besó en la boca.

Increíble, hasta ese día nadie me había besado en la boca. No supe como reaccionar. El siguió, impávido, besándome muchas veces.

Se volvió un juego. Poco a poco nos olvidamos de la lección de piano. Antonio me enseño a bailar los boleros románticos que él tocaba en el piano y yo cantaba.

Antonio de Pórcel Flores Jaimes Freyre

Así empezó nuestro idilio. Me enamoré de él, pero él no lo sabe. Es un amor imposible, pero cierto. Es mi secreto. Esta carta es sólo para mi. Si algún día él la lee, Dios no lo quiera, me moriré de amor.
Él fue mi único amor.
Tu querida alumna en el Amor. Eulalia.

Carta de Bobby
Querido Antonio
Te prometí volver, te pido que me perdones. Lamentablemente, no puedo cumplir con mi promesa. He decidido quedarme. No tanto por que mi mamá me necesita, si por mi misma.
He comprendido que es imposible que podamos vivir nuevamente, lo que ya hemos vivido. Los bellos recuerdos me asaltan diariamente. Nunca pensé que iba a pasar "Mi Luna de Miel" en California, contigo.
Sé que la Luna de Miel es una y no se puede repetir.
También sé (eso lo he aprendido de ti y contigo) que para ser feliz una tiene que estar y sentirse libre. Te devuelvo tu libertad. No lo hago por ti, porque sé que tu eres libre y no necesitas que yo te de tu libertad. Lo hago por mi, para mi misma. Me estoy dando libertad a mi misma, al romper mi promesa.
Trataré se seguir siendo, como fui contigo en California, un espíritu libre, que mira y acepta al mundo en forma positiva, venga lo que venga.
Gracias a ti, participe en esos seminarios en Esalen que me sirvieron y me sirven mucho. He dejado el teatro. Ahora estoy ayudando a varias personas con técnicas de hipno-terapia. Te reirás de mi. Tu con tu doctorado en Psicología. Pero aprendí en Esalen como hacerlo y me está yendo muy bien.
Esta carta es mi despedida, la escribí con todo el amor que siento por ti.
Tu Bobby para siempre . . .

Colección de Anécdotas Amoroso Sexuales Anécdotas: 26 a 33
Carta de Sor Ana
Fui a la enfermería. Ahí encontré una carta que había dejado, para mi, la Hermana, Sor Ana.
La Carta decía:
========
Don Antonio:
Me hubiera gustado despedirme de usted, de una manera más personal.
Me mandaron al aeropuerto con una carta del Padre Superior acerca del peligro de las vacunas.
Ojala Dios quiera que nos volvamos a ver.
Cuando termine el concilio, volveré al hospital en Chile.
Deseo que se encuentre completamente restablecido y que le vaya bien en Madrid.
Sé que lo extrañaré.
Dios lo bendiga.
Sor Ana.

Carta de Virginia
A mi amado ToTTó:
El mago de las manos mágicas, el hombre de mis sueños, el amante que me ha enseñado a amar.
Te llevo en mi corazón para siempre. En ese rinconcito privado, donde guardo nuestro amor.
No me busques, por favor. Quiero guardarte en mis sueños de despierta, en mis noches de recuerdos queridos. Nuestro amor temporal es duradero.
Sé que si nos volvemos a encontrar será distinto. Tengo miedo. Prefiero quedarme contigo, como eras cuando hacíamos el amor de maravilla. Creo que eso sucede una sola vez en la vida. Ya nos ha sucedido, eso me es bastante. No le pido más a la vida.
Cuando leas esas líneas, piensa y siente que soy feliz, como tu me lo enseñaste. Léelas con una sonrisa, de las tuyas, que tanta alegría me han dado. Ciérrala con un beso. No la guardes.
Virginia, tu doncella
P.S. Todas te recuerdan con cariño y te mandan saludos.
Estamos bien, gracias a ti.

Antonio de Pórcel Flores Jaimes Freyre

Carta de Wolga

Antonio, mi Amor.

Cuando nos conocimos, creí era una casualidad. ¡Qué poco sabía entonces, de la vida y del amor! No sabía que iba en busca de tu destino, de nuestro destino, que mi felicidad me estaba esperando en tu corazón, para sanar el mío.

Poco a poco te fui amando, como te amo ahora y lo haré siempre. Viviré feliz caminando las huelas de nuestro amar. Ya no me importa lo que nos pase. Vivimos juntos hermosos momentos, tan bellos y profundos que me bastan para toda mi vida.

Me hiciste sentir esos apasionados orgasmos de amor, que no conocía. Esa magia de hacer el amor, por y con el amor mismo. ¡Cómo me hubiera gustado poder engendrar un hijo nuestro! Pero eso me negó el destino. Quizás lo podremos nacer, en ese mundo espiritual, del que tu me hablaste.

No te puedes ir de mi. Te llevo conmigo. Soy feliz pensándote. . .

Tu Princesa. Tu Wolga.

Carta de Celia

Antonio: ¿Sabes que te amo?

A mi travieso, a mi amoroso payaso, a mi inolvidable amante. Amo tus maneras de ser, tus travesuras. Amo a las mujeres que amas y te aman. Amo tu mundo: 'Nuestro 'Mundo'.

Donde tu estés, allá estoy contigo. No lo dudes.

Soy tan tonta. Mi mejor y hermosa tontera, es nuestro amor, indeleble en el tiempo, inespacial en el espacio. Nuestro amar no conoce el cuándo, ni el dónde. Vive dentro de mi y dentro de ti. Es la comunión de tu alma con la mía, es la bendita unión de mi cuerpo con el tuyo, es sagrada para mi, como lo es para ti.

Nuestro amor es tan pegajoso, que no puedo desprenderlo de mi corazón. Me enseñaste que no soy tuya y que no eres mío. Que somos libres de amarnos sin limitaciones, con un amor de verdad, nacido de la sinceridad, lo profundo de la espiritualidad humana. Me haz enseñado que primero es el amar y después es esa unión amorosa sexual, algo que no conocía. Cuando tratabas de explícamela, me parecía sólo una hermosa ilusión, hasta que la probé gozando de éxtasis de ese orgasmo amoroso, sintiéndote vivo en mis entrañas.

Colección de Anécdotas Amoroso Sexuales Anécdotas: 26 a 33

Me acurrucaré solitaria entre mis sábanas, soñándome contigo, mi mente ocupada, recordando nuestras noches de amor apasionado, indescriptible, nuestros días de amistad insuperables, llenos de caridad, de bondad, de dulzura y alegrías.

Más allá de lo material, en el infinito del mundo espiritual, que a ti tanto te gusta, te seguiré amando y sé que tú me seguirás amando. Seremos un solo espíritu, hermosa mezcla de nuestras esencias.

Me quedo contigo, sin límites . . .Tu Celia.

Carta de Marijó
A mi amado Antonio.
No tengo palabras para agradecer lo que me haz dado. Tu cariño inmenso ha curado todas mis llagas. Durante el viaje me he enamorado de ti. Me haz enseñado como hacer el amor. Como ser buena amiga, como ser feliz conmigo misma y con lo que soy.
Me haz enseñado que la amistad es amor y que el amor es amistad. Me haz enseñado que sexo en si, es bueno, pero el sexo amoroso es el verdadero amar.
Me quedo con tu amor, tú no te vas, nunca te irás, porque vives en mi corazón y yo vivo en el tuyo, eso me hace inmensamente feliz.
Quizás volveremos a amarnos. Dios así lo quiera. Sé que no será igual nuestro próximo encuentro. Feliz viviré con Eloise, es más lindo recordarte con ella, compartir nuestras experiencias.
No debo pedirte esto porque tú lo harás naturalmente. Pero no puedo callarme. Sigue vertiendo tu amor en Wolga y en Celia. Son mis queridas amigas. Quiérelas como a mi me quieres.
Te ama tú 'bella niña'. . .
Como me llamabas cuando hacíamos el amor.
Tu Marijó.
Wolga, Celia y Eloise han leído esta mi simple carta.

Antonio de Pórcel Flores Jaimes Freyre

Carta de Ivet

Antonio

Soy tu hormiguita.

Te conocí en un instante, fue el que cambió mi vida.

Después de tu conferencia. ¿Te acuerdas? Me llevaste al río. Sentados es ese banco, que he visitado sola tantas veces, me dijiste que era una mujer maravillosa y te creí.

Sentí ganas de abrazarte de besarte y amarrarte a mi, para que no te vayas, pero te fuiste. Si, te fuiste sin darme un beso de despedida. Pero me dejaste tu aroma y tus bellas palabras.

Era una simple profesora, mal casada, dominada por el hombre que me ultrajaba. Tu eso no lo sabías.

Me animaste a ser como quería que ser, dueña de mi misma. Me forzaste a tomar mis propias decisiones. Me aseguraste que podía triunfar en la vida, seguir mis estudios y llegar a ser una Doctora como tu. En esos instantes, yo, una triste profesora, me vi vestida, en fila, recibiendo mi diploma de doctorado.

Fue tu desafió que me empujo al abismo de mis miedos, obligándome a afrontarlos y vencerlos. Te debo a ti todo lo que he logrado y mi felicidad. Nunca te olvidaré, me es imposible. Te llevo en mi corazón, en mis deseos, en mi amor. En mi nidito especial que me ayudaste a tejerlo, con los hilos de tu cariño, con tus caricias, con tu entrega sin limites. Gracias mil.

Me dijiste que hasta la hormigas pueden hacer lo que quieren si se esfuerzan. Soy una de esas hormigas, soy tu hormiguita que te quiere mucho y ha aprendido a amar contigo.

Ahora soy una doctora, una profesora en la universidad de Thibodaux. Muy orgullosa de haberlo conseguido con tu ayuda y con tus consejos.

Como te prometí, estoy ayudando a profesoras, que son como era yo cuando nos conocimos, para que sean libres, que escojan lo que realmente quieren ser y conseguir en la vida.

Me esfuerzo en convencerlas que si, pueden hacerlo. Que son hormigas y puedes hacer lo que ellas quieran. Me lo enseñaste y lo aprendí de ti. Repito de memoria tus palabras y tus consejos. Ellas me creen y se esfuerza como yo lo hice.

Estoy de concejera a seis candidatas a doctorado. Siguiendo el adagio, que tu repetías, susurrando a mis oídos, las palabras del redentor: "Por sus frutos los conoceréis."

Colección de Anécdotas Amoroso Sexuales Anécdotas: 26 a 33

Dios quiera que nuestros destinos se vuelvan a juntar en esta vida. Si no es así, nos volveremos a amar, es ese mundo espiritual del que tu me hablaste.
No te olvides que soy tu
Hormiguita Que te ama y te extraña.
=======
Mery leyó todas mis cartas y esta también. Sé que la quieres como a mi me quieres. Cuídala y no la lastimes, es mi mejor amiga y ella te quiere mucho.

Carta de Agustina
Yo, una joven perdida en el laberinto de mis deseos, deseando llegar a ser alguien, una mujer respetable, que todo el mundo me admire, que me respeten los demás.
Seguía la corriente, tratando de hacer, decir, querer, sólo aquello que era aceptable, aquello que definía como debía ser: "Una Buena Mujer". Llegar a ser un ejemplo a seguir. Ja. Ja. Ja.
¡Qué perdida estaba!
No sabía lo es respetarse a si misma. Vivir sin miedo la "Verdad". Ser sincera conmigo misma y con los demás.
Mostrarme tal y como soy, sin guardar las apariencias.
Un día el destino nos juntó.
Tu. Un hombre mayor. Yo una joven a la deriva.
Me enseñaste como ser libre.
Me miré al espejo que tu me regalaste. Me sigo mirando en él. En él vi a mi misma. Una mujer que no respetaba mis sentimientos, mis emociones, mis quereres. Por miedo y por vergüenza, no hacía lo que yo realmente quería hacer.
Quería Amar con desenfreno, ser libre, dar rienda suelta a lo que yo era, a lo que, en mis adentros, quería ser. No era feliz conmigo misma. Mi felicidad era ficticia, aparente.
Las horas más felices de mi vida, las viví contigo, en tus brazos.
Me enseñaste a no tener miedo de amarme a mi misma y de amarte desinteresadamente, con un Amor Verdadero. Contigo aprendí a no ser egoísta, a no tener ni sentir celos, a compartir mi felicidad con esas bellas mujeres, nuestras amigas.
Pasó el tiempo. Tuvimos que separarnos.
Me dejaste tu amor y tu espíritu de libertad que vive, latente en mi. Que sueña contigo, recordando esos momentos de entrega total.

Antonio de Pórcel Flores Jaimes Freyre

Sé que me amas, que me sigues amando. Sabes que te amo y que te sigo amando.
Quizás en esta vida el destino nos vuelva a juntar.
Me quedo tranquila. Soy feliz.
Sé que seguiremos amándonos en el "Más Allá".
Dos espíritus en comunión, que volverán, a hacer el amor.
Soy "Tu Preciosa Muñequita",
Agustina.
Mi esposo sabe todo lo de nosotros, siempre lo supo. Me enseñaste a respetarlo y no tener miedo a la verdad.

Carta de Rebeca

Mi ToTTó
Te conocí ese día que cambiaste mi vida. ¡Que sabía yo de la vida! Era una simple recepcionista, sin futuro. Una joven tímida, con miedo a hacer el ridículo. Tratando de hacer lo que creía era mi obligación. Hacía por obligación hasta lo que no quería hacer. Hacía lo que esperaban de mi, porque quería que me acepten.
Con tus chistes me hacías reír, delante de todos. Yo sin poder contenerme. Cosa que nunca me animaba a hacerlo, por miedo a ofender, por miedo al "¡Qué dirán!
Me pediste ser tu secretaria privada. La secretaria de un bohemio. Yo que nunca me imaginé que podría hacerlo.
Aprendí de ti, no solo eso. Aprendí de ti a vivir y a ser feliz. A ser libre, a ser yo misma. A respetarme a mi misma. A no engañarme a mi misma ni dejar que me engañen. A confiar en mi misma. Ha ser suficiente y a valerme por mi misma.
Pero eso no fue todo. Me enseñarse lo sublime que es hacer el amor cuando una está realmente enamorada. A entregarme sin miedo y sin límites al ser amado. Amarme a mi misma, por lo que soy y por lo que siento.
Te he amado, te sigo amando, siempre te amaré. Vives en mi, en mis pensamientos, en mis sueños de despierta, en mis más queridos recuerdos. En mis caprichos, mis risas, riéndome sola, recuerdo tus chistes y ocurrencias.
Me acuerdo cuando hicimos el amor por primera vez, en el río, bañándonos desnudos, delante de todos. Sin necesidad de unir nuestro órganos sexuales, sentimos nuestro orgasmo amoroso que culmino sexualmente. Fue la primera vez que sentí un orgasmo. Fue un orgasmo de amor.

Colección de Anécdotas Amoroso Sexuales Anécdotas: 26 a 33

Me hiciste conocer y viajar por un mundo nuevo. Me acuerdo del emocional encuentro en Paris con tus amigas. Lloramos todas de emoción, sintiendo como ellas te aman. Ninguna de nosotras estaba celosa. Las cuatro estábamos felices. ¡Que días sublimes aquellos!

Los he vuelto a vivir, en nuestro viaje de vuelta. Cuando paramos en Burgos a visitar a tus otras amigas, antes de llegar a Santiago. Otro encuentro emocional indescriptible. Esa noche dormimos los cuatro juntos, haciendo el amor, sin necesidad de tener sexo, como buenos amigos.

Al año siguiente volví a verlas. Ahora vivo con ellas. Somos tres amigas que compartimos tu recuerdo. Nos va bien en la pensión. No sé dónde estarás cuando leas esta carta, eso no importa, porque estás, vives en mi corazón y sé que me sigues amando.

Soy la secretaria personal de un bohemio amado.

Rebeca.

Carta de Rosi

A mi amado Totito

Un amor que no puedo olvidar

Hace mucho tiempo nos conocimos en el comedor de la universidad. Yo era una joven alemana que apenas hablaba inglés. Perdida, sin esperanzas, sin idea de lo que estaba haciendo. Sola, sin conocer a nadie y sin dinero. Entonces me llevaste contigo a Riverside. Acepté tu invitación, no tenía otra salida. Tenía miedo. Entonces Bárbara me devolvió la confianza en mí misma.

¿Te acuerdas? En Riverside, no quería entrar en tu edificio de apartamentos. Cuando leí el cartel de advertencia, tuve miedo de ver cuerpos desnudos, y mucho más de desnudarme. Me dijiste que no tenía que hacerlo porque era opcional. ¡Qué tonta fui! Extraño la cama en la que dormimos tantas veces, en tu furgoneta. Los hermosos días de nuestras Lunas de Miel, en la playa en el "Capitán". ¡Que recuerdos! Nunca podre olvidar del amor que nos demostraste a Donna y a mi, en la playa nudista de San Diego. Donna y yo pasamos unos días maravillosos visitando el Museo de Arte Moderno de Nueva York, viendo los cuadros de Picasso que tanto te gustaban. Las dos nos reímos cuando te vimos embobado, mirando el cuadro "La mujer en el espejo".

Antonio de Pórcel Flores Jaimes Freyre

Siempre recuerdo los consejos que me dio Donna, antes de viajar para ver a su abuelo, cuando nos despedimos de ella en la Estación Central. Sé que sigues con ella y la quieres tanto como a mí. Tiene mucha suerte de estar contigo.
Ojalá sigas viviendo tu vida tan especial como lo hicimos juntos. Se que quieres a mi querida amiga Donna, nuestra compañera. Dale muchos besos de mi parte.
Me sentí muy triste el día en que nos despedimos en el aeropuerto de Nueva York. Aquel día, te prometí que volvería lo antes posible. Siento mucho no haber podido cumplir mi promesa. En aquel momento estaba como loca. Ahora sólo sueño despierta.
Me enseñaste a ser libre y a no tener miedo.
Desgraciadamente, no pude actuar en el teatro, lo que era mi gran sueño. Lo que aprendí sobre la actuación en Riverside, aunque muy bueno, no funcionó para mí. Alemania no es California.
Hace tiempo recibí tus dos cartas amorosas, me alegré mucho. Sé que me sigues amando como yo te amo. Si bien nuestro encuentro fue algo maravilloso, también sé que no puede repetirse. Te sigo queriendo como cuando estuvimos juntos los tres.
Muchas veces que empecé a escribirte desistí, porque me sentía muy negativa y demasiado estresada, no quería que te preocuparas por mí, sabiendo que estaba así.
De regreso en Alemania sufrí un choque cultural, después de haber pasado unos días maravillosos con ustedes en California. Me pareció muy extraño el comportamiento de los alemanes...
No trates de responder a esta carta, es sólo un sueño. Guárdala, en tu corazón amoroso, donde tienes un rinconcito para mi amor.
Me casé, mi esposo es muy bueno conmigo. Él sabe lo nuestro.
Me enseñaste a no tener miedo a la verdad. Somos muy felices. Tenemos dos hijas preciosas. La mayor se llama Antonia y la pequeña Rosarito, como tu me llamabas, cuando hacíamos el amor.
Como muchas veces me dijiste, sé que seguiremos amándonos, en aquel maravilloso mundo espiritual, del cual me hablabas, consolándome cuando me sentía triste.
=======
Tu Rosarito, tu Alemanita
Como me llamabas cuando hacíamos el amor.
Mi marido ha leído esta carta.

Colección de Anécdotas Amoroso Sexuales Anécdotas: 26 a 33
Carta de María L

A mi primer Amor

Niño travieso que, impávidamente, mirabas mis piernas, cuando yo columpiaba. Me ayudabas a subir al resbalador, montada en tus hombros, temblando de miedo, agarrándome al poste, apretabas y acariciabas mis piernas con tus brazos. Creías que no me daba cuenta. Yo furiosa, tu tímido, pero atrevido. Cuando, tratando de subir al resbalador, rompí mi vestido, estaba llorando de miedo al castigo. Me ayudaste, pediste a Lucila que lo cosa. Me miraste de ocultas, cuando me quite el vestido.

Desapareciste de mi vida, no pudimos despedirnos. Me quedé muy triste. Pasaron los años, yo recordando nuestros juegos y travesuras, que siguen pululando en mi memoria, nunca se borraron, ni se borraran, son mis queridos recuerdos.

Fuiste Mi Primer Amor. Un amor platónico de muchacha adolescente, que todavía merodea en mi diario quehacer, recordando esos días felices.

¡Qué sabia yo entonces del amor! Era sólo un juego. Me gustaba verte sonrojar con mis atrevimientos, cuando te besé en la frente, fue mi primer beso juguetón. Cuando, antes de entrar a mi casa, coquetamente levantaba mi vestido, mostrándote mis piernas, Tu me mirabas embobado y salías corriendo, escapándote, tenías miedo a las mujeres.

Años después te encontré. Un joven alegre y simpático, en compañía Martina. la bella concertista brasilera. Nos hicimos amigas. ¿Qué podíamos hacer, estábamos perdidamente enamoradas? Recuerdo sonriendo, las noches amorosas que vivimos, cuando me enseñaste que es el amar verdadero.

Martina me dijo que ella estaba enamorada, quería hacer el amor contigo, pero tenía miedo. Estaba esperando que tu se lo pidas. Entonces le conté como eras tu, como hacíamos el amor. Le dije que tu no se lo ibas a pedir, que ella debía pedírtelo, porque eres así. No me sorprendí cuando me contó como fue la primera noche que pasó contigo.

Nunca olvidaré los carnavales que pasamos los tres en Rio, nuestras noches amor sublime que hasta ahora me persiguen y me alegran, cuando me pongo triste. Tu recuerdo nos hace sonreír. Te escribo con lágrimas de felicidad, para que sepas que te sigo amando, porque sé que tu también me sigues amando.

Antonio de Pórcel Flores Jaimes Freyre

No me casé, no volví a enamorarme. Ahora soy una tía solterona que ama a sus sobrinas, mis ahijadas, las bellas hijas de comadre Martina.

No creo que volveré a verte, extraño estar a tu lado. Sé que vives en California y que sigues igual. Tu nunca cambiarás. Gracias a Dios.

Soy tu Primer Amor
Como me llamabas cuando hacíamos el amor.
Tu María L

Carta de Rosa, Mi Imillita
Mi Llocalla querido
Soy tu imillita. ¿Te acuerdas de mi?
Me dijiste que no soy una mujer libre, Ja. Ja. Ja. Tenías razón, pero no te creí. Entonces no era una mujer libre, solamente creía que lo era. Ja. Ja. Ja. Sólo era libre contigo, pero ahora tu no estás para acariciarme, cuando dormíamos juntos. ¡Qué placer era aquello!
Ahora soy la mujer libre, la que tu engreías y que te sigue amando. Ja. Ja. Ja. Un amor que más parece un juego de dos enamorados sin remedio. Extraño nuestros amores, nuestros bailes, nuestras conversaciones, sobre todo, tu gracia y tu buen humor, tus juegos de palabras, tus besos y tus caricias. La noches apasionadas cuando nos perdíamos uno en otra, haciendo el amor sin límites. Me parecen un sueño, del cual no quiero despertar.
¿Cómo estás? ¿A quiénes estás amando ahora? Sé que eres incorregible, eso me gusta de ti. El eterno enamorado de las faldas...
Sigo siendo la sirvienta en la mansión de Leticia. Pero, ahora no tengo que vestirme de imilla. Me visto a la moda. Ja. Ja. Ja. Pero sigo siendo la indiecita que tu conociste, a la que enseñaste como se vive feliz, sin preocuparse del futuro.
El hermano de menor de tu primo, quiere casarse conmigo. No sé. Es un buen hombre, mucho mayor que yo, con muy buena situación. Lety me aconseja que me case con él. Creo que me casaré con él, porque quiero tener hijos. Quería tener un hijo tuyo, el destino no me regaló ese gran deseo.
Lety tiene todo lo que quiere, pero no es feliz. A menudo se acuerda de ti, sigue haciendo las mismas preguntas. Tu ya sabes como es ella. No se ha olvidado de la noche que pasó contigo.

Colección de Anécdotas Amoroso Sexuales Anécdotas: 26 a 33
Algún día, espero esperanzada, que volvamos a encontramos. Sé que no será igual, nada que me pase será igual. Eso ya no me importa. Sabes que no te olvidaré, porque te sigo amando.
Rosa, tu Imillita.

Carta de Lurdes
Antonio mi amor
Con una mezcla de alegría y pena, feliz de amarte, te llevaste mi amor y mis caricias a Bolivia. La noche de nuestra despedida sigue latente en mi corazón, que te extraña, mucho. Hicimos el amor tantas veces que quedamos rendidos. Los recuerdo, no los puedo olvidar. Lloré después de nuestra despedida, fue corporal y espiritual, todo a la vez. Sentir que tu eres feliz conmigo.
No quise despertarte, bese tus labios suavemente y salí de puntitas, mis ojos húmedos. Mis lagrimas, rodando por mis mejillas, rojas de rubor, me hicieron recuerdo de la primera vez que lloré contigo. Besaste mis ojos cariñosamente, secando mis lagrimas y sonriendo me dijiste que son saladitas, como es nuestro amor.
Nunca podré olvidar nuestro primer encuentro. Todavía queda en mis labios el dulce sabor de las sandías que me regalaste. Tu cariño tatuado en mi. ¡Como me engreíste!
¡Qué tonta era! Me enamoré de ti la primera vez que te vi. Tu no lo sabías.
Tu hermana se dio cuenta y me dijo que tenga cuidado contigo. Tenía miedo hasta de mirarte, pensando que tu no estarías interesado en una pobre salvadoreña, trabajando de sirvienta.
Desde que te conocí, todo lo que he podido hacer, el no importarme del que dirán, poder conquistar mis metas, no dejarme vencer por temor a fracasar, todo eso lo debo a ti, a tu amor. Me haz enseñado a no tener miedo a la vida, aprendí a amar como te amo.
Dios quiera que volvamos a vivir esos momentos de éxtasis indescriptible. Ojala que nuestros destinos se vuelvan a cruzar. Mi esperanza es que estemos juntos en el otro mundo, ese espiritual, del que tu siempre me hablabas. Pero es sólo es una ilusión, una esperanza.
Me enseñaste que el Amor nace de la semilla de "amistad"; crece como una linda plantita, dejando sus raíces incrustadas en el corazón y sus frutos en la mente.

Antonio de Pórcel Flores Jaimes Freyre

La guardo, en mi corazón y en mi mente. Siento que, cuando te pienso, sigue creciendo, floreció a su tiempo y nunca se marchitará. Ojala un día de estos, vuelvas a mi. Sé que no será igual a lo que vivimos. Ese amor sólo se vive una vez. Cuando estoy triste, sueño despierta. Los recuerdos de nuestras noches de amor me devuelven la alegría.

Cuando leas esta carta, sentirás que te sigo amando, como yo siento que tu me sigues amando. Continuaremos nuestro amor sagrado y divino, en ese mundo espiritual, del que tu siempre me hablabas.

Soy tu Lurdes, tu "Hermosa Florecilla.
Como tu me llamabas cuando hacíamos el amor.

Me escribieron otras cartas...

Lastimosamente

no las pude encontrar...

Antonio de Pórcel Flores Jaimes Freyre

Acerca del Autor

Licenciado en filosofía y literatura, en la Universidad Mayor de San Andrés, La Paz, Bolivia. Doctorado en Psicología en la universidad de Madrid. Tiene una maestría en Antropología y estudios de doctorado en Psicología y Educación, en la Universidad de Stanford, California. Recibió la beca especial, de **'Senior *Fulbright* U.S**. *'Scholar Program'*, otorgada por el Congreso Americano, enviado como profesor académico titular, ('Senior Profesor'), para enseñar psicología de la educación, a un grupo de maestros, seleccionados como los los mejores maestros de las escuelas de España.

Antonio de Porcel Flores Jaimes Freyre, "ToTTó "El Bohemio Boliviano", actualmente enseña su Taller de Poética, su Taller de Teatro y su Taller de Publicación de libros. Ayuda gratuitamente, a varias escritoras a publicar sus libros en Amazon. A la fecha tiene más de 50 libros publicados en Amazon.

Compone canciones y ballets; crea diseños gráficos y las portadas de sus libros. Filma videos musicales; escribe: poemas, monólogos, obras de teatro, comentarios y ensayos en forma de "Diálogos de Antonio y ToTTó".

Algunos de sus escritos están publicados en su página de Facebook y en su bitácora (blog), titulada: "Del de la Mente del Poeta, al Corazón del Artista". Varias de sus videos musicales están publicadas en You Tube y algunas de sus canciones en su página de MySpace.

Nacido en el 1936, en La Paz Bolivia, desde 1968 radica en California. Tiene: un hijo, una hija, dos nietas, dos nietos, tres bisnietas y tres bisnietos.

Es un 'Bohemio" de convicción personal dedicado al arte de la escritura, a la formación de poetisas y poetas que deseen aprender y poner en práctica su Teoría Poética.

Escritoras y escritores interesados en participar en sus varios talleres, deben comunicarse con el autor.

Dirección postal correo corriente:
353 W Nees Ave, Suite Número 152
Fresno, California, 93711, USA.
Dirección virtual: Email:
antotomus@gmail.com

Colección de Anécdotas Amoroso Sexuales Anécdotas: 26 a 33
Libros de ToTTó Publicados en Amazon

Teoría Poética de ToTTó:
001 "Volumen I: Poética del Período Prosódico" (Foto de portadas)
Dramas
002 "El Lorito: La Leyenda del Che" (Foto de portadas)
003 "ZileFyos y OdeiMnis: El Pode del Miedo" (Foto de portadas)
004 "El Paraíso de la Droga" *(Foto de portadas)*
Comedias
005 "Sabe Cómo Llegar a la Luna" (Foto de portadas)
006 "El Vuelo" (Foto de portadas)
007 "La Gallinita Linai y la Comadreja Dreja" (Foto de portadas)
008 "El Pescador y la Sirena Mágica" (Foto de portadas)
009 "La Primera Cita" (Foto de portadas)
010 "La Muñequita Pizpireta" (Foto de portadas)
Poemas y Sonetos Inspirados en poesías
011 "Autores Hispanos -Volumen I" (Foto de portadas)
012 "De Varios Autores - Volumen II" (Foto de portadas)
Poemas de ToTTó
013 "Poemas de un Bohemio Boliviano" *(portadas)*
014 "Poemas Bohemios a la Deriva" *(portadas)*
015 "Poemas Bohemios Existenciales" *(portadas)*
016 "Poemas Bohemios para mis Amigas" *(portadas)*
017 "Bohemia Poética: Poemas Años 2001-2002" *(portadas)*
018 "Bohemia Poética: Poemas Años 2003-2004" *portadas)*
Ballets Libretos y Música
019 "Poema andino - Tres Ballets de ToTTó" *(portadas)*
Obras de Teatro Musicales
020 "La Pastorela" *(portadas)*
Diálogos de ToTTó y Antonio
021 "Diálogos de un Bohemio" *(portadas)*
Cuentos para Niños
022 "El Río, el Picaflor y el Cuervo" *(portadas)*
023 "Eusebia La Arañita Tejedora" *(portadas)*
024 "La Navidad en las Pampas Argentinas" *(portadas)*
025 "El Mate Pastor - El Abogado y la Imilla" *(portadas)*
026 "Cuentos Bohemios para Niñas y Niños" *(portadas)*

Antonio de Pórcel Flores Jaimes Freyre

Auto Biografías
027 "Auto Biografía Bohemio Volumen 01" *(portadas)*
028 "Auto Biografía Bohemio Volumen 02" *(portadas)*
029 "Auto Biografía Bohemio Volumen 03" *(portadas)*
030 "Auto Biografía Bohemio Volumen 04" *(portadas)*
031 "Auto Biografía Bohemio Volumen 05" *(portadas)*
032 "Auto Biografía Bohemio Volumen 06" *(portadas)*
033 "Auto Biografía Bohemio Volumen 07" *(portadas)*
034 "Auto Biografía Bohemio Volumen 08" *(portadas)*
035 "Auto Biografía Bohemio Volumen 09" *(portadas)*
036 "Auto Biografía Bohemio Compendio Tomo 1" *(portadas)*
037 "Auto Biografía Bohemio Compendio Tomo 2" *(portadas)*
038 "Teoría del Orgasmo Amoroso-Sexual" *(portadas)*
Libros de Diseños Gráficos
039 "Kronos y el Tiempo en la Cuarta Dimensión" **(portadas)**
040 "Diseños de Portadas Libros de ToTTó" **(portadas)**
Monólogos
041 "Tres Monólogos Bohemios" **(portadas)**
Compendios de Anécdotas de la Auto-Biografía de un Bohemio.
042.- "Anécdota de ToTTó: Tomo 01- Auto Biografía de ToTTó
043.- "Anécdota de ToTTó: Tomo 02- Auto Biografía de ToTTó
044.- "Anécdota de ToTTó: Tomo 03- Auto Biografía de ToTTó
045.- "Anécdota de ToTTó: Tomo 04- Auto Biografía de ToTTó
Clases de Orgasmos -Auto-Biografía de un Bohemio.
046.- "Orgasmo Amoroso-Sexual y Orgasmo Puramente Sexual
Bohemia Poética: Poemas de ToTTó por Años
047.-"Bohemia Poética: Poemas 2001-2002 Volumen 01
048.-"Bohemia Poética: Poemas 2003-2004 Volumen 02
049.-"Bohemia Poética: Poemas 2005-2006 Volumen 03
050.-"Bohemia Poética: Poemas 2007-2008 Volumen 04

Teoría de Hacer el Amor
Dedicada a La Mujer
Auto-Biografía de ToTTó
Volúmenes 3-8-9
Anécdotas 26 - 33

Colección de Anécdotas Amoroso Sexuales
de un Bohemio Despistado
Antonio de Pórcel Flores Jaimes Freyre
Anécdotas 26 - 33

Antonio de Pórcel Flores Jaimes Freyre

Made in the USA
Columbia, SC
27 July 2024